DISCLAIMER

The author and publisher are providing this book and its contents on an "as is" basis and make no representations or warranties of any kind with respect to this book or its contents. The author and publisher disclaim all such representations and warranties, including but not limited to warranties of merchantability. In addition, the author and publisher do not represent or warrant that the information accessible via this book is accurate, complete, or current.

Except as specifically stated in this book, neither the author nor publisher, nor any authors, contributors, or other representatives will be liable for damages arising out of or in connection with the use of this book. This is a comprehensive limitation of liability that applies to all damages of any kind, including (without limitation) compensatory; direct, indirect, or consequential damages; loss of data, income, or profit; loss of or damage to property; and claims of third parties.

This Book Offers Free Bonus Puzzles

Available Here:

BestActivityBooks.com/WSBONUS20

5 TIPS TO START!

1) HOW TO SOLVE

The Puzzles are in a Classic Format:

- Words are hidden without breaks (no spaces, dashes, ...)
- Orientation: Forward & Backward, Up & Down or in Diagonal (can be in both directions)
- Words can overlap or cross each other

2) LEVEL UP THE GAME!

A space is provided next to each word to write new ones, translations or notes. We also offer a convenient **NOTEBOOK** at the end of this edition. It can help you organize your annotations, new words and/or observations.

3) TAG YOUR WORDS

Have you tried using a tag system? For example, you could mark the words which have been difficult to find with a cross, the ones you loved with a star, new words with a triangle, rare words with a diamond and so on...

4) EASY TO CUT!

The Puzzles come with an Extra Large margin to easily cut the page out of the book. Some people may feel it more convenient to solve them this way.

5) FINISHED?

Go to the bonus section: **MONSTER CHALLENGE** to find a free game offered at the end of this edition!

Want **more fun** and activities to **relax? It's Fast and Simple!** An entire Game Book Collection **just one click away!**

Find your next challenge at:

BestActivityBooks.com/MyNextWordSearch

Ready, Set... Go!

Did you know there are around 7,000 different languages in the world? Words are precious.

We love languages and have been working hard to make the highest quality books for you. Our ingredients?

One part easy-to-read print, three parts entertainment, then we add some challenging words and a pinch of rare ones. We brew them with care to serve you lots of fun and an opportunity to solve the best puzzles.

Your feedback is essential. You can be an active participant in the success of this book by leaving us a review. Tell us what you liked most in this edition!

Here is a short link which will take you to your Amazon orders review page.

BestBooksActivity.com/Review50

Thanks for your fidelity and enjoy the Game!

Delta Classics Team

Puzzle 1

```
P G O M X N L V K X P B M S C
R R Q I G E D L R D A G T C O
O O O K W N I B A N D V R H M
E N U O N E S H C A D G S O B
F D Z I F I Y C H R E O V O I
S Y N K T D O C T T S E D L N
C S S I U N R O F H T D I H E
H R S N S A O D U U O K E P R
R E Z T U A C D M I E O N R E
I D A F L L S F I S L O S I N
F N S J C S W N Z G I P T J X
T A N G Y P X X Z F I O X D I
G S K S C O T J W N G N L E P
B E D I E N I N G T B K G N I
```

RIJDEN
FORNUIS
OPSLAAN
KRACHT
CYCLUS
BEDIENING
CONSTANT
VOER
PADDESTOEL
DIENEN

DIENST
ZOWEL
ANDERS
SCHOOL
THUIS
UITNODIGING
COMBINEREN
GOEDKOOP
PROEFSCHRIFT
GROND

Puzzle 2

```
U  V  D  Y  D  Q  Q  I  N  T  H  D  B  X  J
T  M  E  H  M  N  R  E  I  F  S  U  E  L  Y
K  T  E  R  E  T  N  E  C  E  R  X  H  P  R
X  S  Z  T  W  V  E  R  R  E  H  D  E  A  D
X  B  S  E  Y  A  D  F  P  H  X  B  E  V  M
F  O  E  M  Z  T  R  O  P  S  N  A  R  T  I
K  E  D  Q  S  T  A  R  B  R  O  E  R  R  X
B  E  R  E  I  K  Y  N  E  V  E  G  E  O  T
V  R  O  L  I  J  K  O  J  N  E  N  T  K  L
R  I  T  T  S  V  J  L  G  X  B  P  N  M  D
D  E  E  L  N  E  M  E  R  A  O  P  E  G  D
G  R  O  O  T  S  T  E  D  X  N  K  C  C  X
N  F  O  L  B  F  Y  I  K  O  Q  S  Y  J  R
T  A  N  D  E  N  B  O  R  S  T  E  L  M  L
```

TOEGEVEN	VERRE
GROOTSTE	VROLIJK
BEREIK	MET
ORDE	BEHEER
GANS	RIT
TANDENBORSTEL	RECENTE
CENTER	TRANSPORT
BROER	VERWARREN
YARD	HEEFT
KOSTEN	DEELNEMER

Puzzle 3

```
W M G M O D E L G B F C O P T
V E P A S G O O I E N O Y Z E
E T U O R B D C L X J N S S C
R G M S J D J I B V S T E F H
S E V E Q E E L E U T R I V N
C Z C I S B R R G A B O Z L O
H E P L S Y E E O A U L O I L
I L R I M Q S E R B R E E H O
L P K M E R P K W O E R N T G
L P L A N T E G J E E E V L I
E I Z F T Z C T W B I N N U E
N A N G S T T S L I M N D Q W
D B E S T A A N Z I J E I L N
E S K I J K J E B S V L Q G B
```

VERSCHILLENDE
BESTAAN
GARDEROBE
METGEZEL
KIJKJE
KRAB
ANGST
CONTROLEREN
WEINIG
VIRTUELE

RESPECT
SEIZOEN
SAP
FAMILIES
GOOIEN
ZIJ
PLANT
SLIM
TECHNOLOGIE
MODEL

Puzzle 4

```
J  K  G  H  O  O  F  D  D  R  B  Z  C  D  L
F  N  E  S  S  U  T  O  O  S  L  G  S  B  I
M  W  B  I  A  A  K  E  O  D  A  N  Q  F  J
G  I  O  Z  V  R  N  H  R  R  D  I  O  U  K
K  O  O  R  E  F  W  S  G  O  E  G  N  N  E
A  L  R  N  Q  V  E  C  A  O  R  I  T  C  N
M  E  T  Y  B  Z  E  U  A  W  E  T  S  T  S
E  E  E  O  E  X  T  N  N  K  N  E  P  I  B
E  R  P  D  I  P  U  Q  D  R  Q  I  A  E  W
L  U  L  T  Q  O  L  W  V  E  F  N  N  T  A
H  T  A  C  P  N  E  B  A  W  B  R  N  E  G
U  L  A  V  E  R  M  O  E  I  D  E  E  H  O
L  U  T  C  O  C  K  T  A  I  L  V  N  A  N
G  C  S  N  X  A  N  O  D  H  S  L  W  P  S
```

RENTE
COCKTAIL
DOEK
TUSSEN
ONTSPANNEN
KAMEEL
CULTUREEL
LIJKEN
WERKWOORD
ROOK

VERMOEIDE
WAGON
FUNCTIE
DOORGAAN
HOOFD
GEBOORTEPLAATS
BLADEREN
VERNIETIGING
ZEVENDE
DEZE

Puzzle 5

```
I S D H W M S S T C V H B I Z
Y T G N O J C K X H B N E N I
F E U L E P M E T S C D R D N
N M O I G X E O G E A J O I K
U K C E T C A X E A O X E V E
V P Z N U B P U D R Q R M I N
S C H E R P A S E C H T D D O
N T I G H E I R T E H Y N U O
E J E N C M Z H S L Z S O E H
Q O J O H A A S T T Y Z Z E C
G J C J M K C R G S E V E L S
G E G E V E N P L E A N G M P
X K M O N D E R S T E U N E N
O N Z O R G V U L D I G A B W
```

STEM
INDIVIDUEEL
HAAST
GEZOND
TEST
ONDERSTEUNEN
BEROEMD
ECHT
GEGEVEN
SCHOON

UITBARSTEN
EXACTE
ZINKEN
MISDAAD
STEMPEL
JONGEN
ONZORGVULDIG
JONG
KOLOM
SCHERP

Puzzle 6

```
B L N Y O U U N C N E D I U Z
E L Q E T S D M E E R V B Y B
D R T Q Q G O G C P E U A V A
R D F K X D N E D N O V E G L
I A N J Z I E Z H B K I M N L
J P L U T A Q D L F I B U D O
F H I H O Y L E A O J P M W N
S U C F P S S W T U K C M J N
S I D S E K R M S T E C I L E
R O P J E Q Y K E C N R E R N
P O K D H C Z D E M Z H V W K
Y G K L T F E H M U I D E M Y
S T R O O M B E T R E K K E N
O F F I C I E R D R E I R A N
```

FOUT   GEVONDEN
THEEPOT   BALLONNEN
VREEMDSTE   RICHTINGEN
MEDIUM   STROOM
KIJKEN   MEESTAL
OFFICIER   ZAL
BEDRIJF   ZEI
BETREKKEN   MUMMIE
TULP   ZUIDEN
GOOI   DEKSEL

Puzzle 7

```
L  B  O  C  W  P  H  S  T  I  J  G  I  N  G
E  N  M  A  I  P  E  B  O  N  L  O  Q  H  L
E  I  W  M  L  H  R  L  A  W  M  E  I  G  G
G  X  Z  P  L  T  I  I  E  N  Z  Z  N  Z  E
T  K  D  A  E  P  N  E  P  I  K  K  E  N  E
E  G  P  G  K  P  N  V  B  U  Z  D  M  X  W
R  K  Q  N  E  L  E  E  R  A  E  G  K  O  A
R  J  U  E  U  U  R  C  T  Z  H  L  V  D  A
P  V  J  Y  R  I  E  Q  E  S  B  A  B  O  R
H  E  N  S  I  Z  N  L  U  N  H  S  B  H  O
F  F  W  C  G  I  T  P  A  I  T  E  E  B  M
I  O  W  Y  P  G  Y  A  H  V  P  E  K  U  A
A  A  R  D  I  G  S  T  O  R  T  Q  N  T  S
V  R  E  P  J  I  L  S  P  U  N  T  I  G  J
```

SLIJPER
STAP
CAMPAGNE
BEET
TROTS
LIEVE
WILLEKEURIG
STIJGING
CENTEN
PIKKEN

GLAS
PLUIZIG
PUNTIG
LEEGTE
MEI
HERINNEREN
PUSH
WAAROM
EZEL
AARDIG

Puzzle 8

```
O N T W I K K E L I N G V L W
E T E N E K I U D G W O O Q A
P Y T R E R W B G A G C B T A
G S H P A B J D A E Y X N L R
Y R C W O W O P L O S S E N S
R E A C T I E E V N A D K E C
E N L X P A S T I N A A K W H
D E T Y J R I Z W A A R T U I
E P A X E C D C K W D K Y O J
O O D K Y U E R E W C F N R N
P J R I D R G A A D N A V V L
T A K Z E W A X Q E I V W Y I
M O E G I T H C I Z R O O V J
V E R D W I J N E N G A N A K
```

DUIKEN
OPENER
OPLOSSEN
HAGEDIS
MARKER
VLAG
LACHTE
VANDAAG
ONTWIKKELING
WAARSCHIJNLIJK

POEDER
ETEN
WAREN
PASTINAAK
REACTIE
ZWAAR
VOORZICHTIG
VROUWEN
VOGEL
VERDWIJNEN

Puzzle 9

```
W Y W S P B D D T D G W Z T K
E K V U C V O O N E T P U F O
E F N J E H L T A O K B Z S P
R D A A R G F K R L B E A T E
S F J V R J I X K G Z H N I N
T A A O G J J Q A R I D P E L
A H R N L E N O O M E N A T N
A K C D O E L L M O I A H I E
N B H A K R A D I J S M S L T
E P R U V O L G E N D E J A S
J Q E L K M Q T H U E I A W O
Z L V O O R M A L I G D A K O
E X T R E E M T D P K M L N A
B E S C H U L D I G E N Z X P
```

KRANT	VOORMALIG
TEKENEN	IEMAND
SJAAL	LEUKE
GLOED	DOLFIJN
AVOND	RADIJS
VOLGENDE	GRAAD
EXTREEM	ANEMOON
BESCHULDIGEN	OOSTEN
WEERSTAAN	KWALITEIT
ACHT	KOPEN

Puzzle 10

```
O S B C R M M C S Y R C S O O
N H T O N T F F S T E I F I N
T A U T O Q F G N N L F J V L
M M R T K S D N A J I V E B A
O P N G E H A E J C G T E U N
E O E S D D J L I I I B T R G
T O L I F S B E N P E P B G S
E Z V F L L E D L F U G A E Z
N F O T E L A N W S Z H A R X
C F U F Z S O A J N E U R E P
W X F H E I I W G E L E I N N
E U A X D P L A A T T W Y I E
B M E N I N G H E R F S T D U
V A R I A B E L E C U K N Q Z
```

GELEI   VARIABELE
WANDELEN   BURGER
HERFST   MENING
EETBAAR   FIETS
BUFFEL   OFFICIEEL
BOOS   SHAMPOO
DEZELFDE   ONLANGS
RELIGIEUZE   PLAAT
TURN   VIJAND
DINER   ONTMOETEN

Puzzle 11

```
F E O R P C I V A R R O C Q D
A C D U O K L E D E O G U H R
Z V N V K F O R B T D G O S I
A T O N L T A L P D Z Z N T E
N E M A Z I P O E Q R E O I Q
T H A D V H O R J M P A H J G
N W S A X D Q E J J U N A L I
T N N G G J G N I L L E H E N
D I B E E J H R L V D W S Z G
B K L R B M G M M H L Y G O G
L J L A N E G U E H E G D L E
E L Q A B M I S L U K K E N L
I U M D F O C M G X R D Q I Z
V S E H H A B G U L X C P Z V
```

GEHEUGEN
HELLING
VERLOREN
ZINLOZE
DRIE
MOND
AARDBEI
KOUD
GING
TWAALF

GOEDE
ELK
PLAT
MISLUKKEN
HIT
FAZANT
BEGRIJPEN
PROEF
DAGERAAD
STIJL

Puzzle 12

```
S C H U L D I G N Z O N D W H
N B D G I B C A S E E U C H G
F L L E G K M T K D S L J V R
N E F F A R T S E R O I J I I
H T Z H U L A I H E L P E J J
F R H U W Q B E C D P U U F S
D O B O W R T R B G R S K L P
D W D K E E Q P O P E O E U P
I G H V W A A R H E I D P C R
C U C U P I D O G D Z R K Q B
R N N A J D I E D E R E E N R
O U I T G E S T O R V E N O W
W E L K O M V W M U C F M O L
V I E R K A N T E A F U I H R
```

STRAFFEN	WAARHEID
IEDEREEN	CUPIDO
VIJF	VERBIEDEN
INCH	POP
VIERKANTE	EISEN
UITGESTORVEN	SCHULDIG
WELKOM	HEKS
PREI	DERDE
LOS	GRIJS
WORTEL	BUURMAN

Puzzle 13

```
R S V L K J R P E X R X I N V
V T C E X C E Y X U E J J E T
T R E D R S S I Q D M A S T Z
D A K D R F E Y U O M K P J S
I N J I D T R O O P O P E E Z
C D I M E H V I N T K W G S O
I X R J R K E W Z B M A E B M
E Y L F T Q U U I L O N L X E
M B A Z I H Q D K G K N S X R
A U T O G F J M D C M E M U V
S C E N A R I O Q E J E A A V
I B E S E F F E N K V R J P Z
U V H O C K E Y E M I T C H K
H S A M E N V A T T E N C A H
```

WANNEER	HOCKEY
HUIS	POORT
TALRIJKE	NETJES
VERF	IJSPEGELS
OUDE	KUDDE
KOMKOMMER	STRAND
ZOMER	SCENARIO
RESERVE	DERTIG
BESEFFEN	SAMENVATTEN
MIDDEL	AUTO

Puzzle 14

```
M T R A N S P A R A N T H A R
G E C O N T R O L E E R D L F
E K L J E M A E T I V N T Y G
H E K J I L R U U T N O V A J
S I Z D O N G E P A S T U O Z
O T D N E G E R E N A A B R A
W A O C L Y P P Q Z Y M C M N
G C E K G R E T I G R A D I O
B I E O N D E R W I J S F U R
L L N E H T V L J I K E U P B
A B D Y V Y X Z V U G D P Z H
Z U J P I A N O L A R P U V J
E P E V E R W A C H T Y G V S
N M A A N D A G B G T M Q F R
```

BAAN
STOK
RADIO
ZOUT
GECONTROLEERD
TEAM
PUBLICATIE
ONDERWIJS
MIDDAG
BLAZEN

NEGEREN
AVONTUURLIJKE
PIANOLA
VERWACHT
MAANDAG
ONGEPAST
TRANSPARANT
EENDJE
JURY
GRETIG

Puzzle 15

```
I L H M M M G N I K A R N A A
V T S R A A H C S C P K S H R
Y Z O V P Y D H C F F W K M N
N N A D M R M E Z K I H R Q H
E T W B A E P P L A N E T E N
L M V W H T I N T E R V I E W
E N R C E A O N B E L E E F D
O E T R V E R N I E T I G E N
V D E E Y H E G I T S G N A U
R N L B M T N K D W Z Z I D N
Y A Z B F O R M A A T U D Z A
V L J U T O E S T A A N E S H
D E A R Q J E D U C C Z L K D
T R U C M X G R V A Z M K I Z
```

PLANETEN   KLEDING
ACCEPTEREN   ELANDEN
AANRAKING   SKI
ONBELEEFD   VERWARD
THEATER   ANGSTIG
VOELEN   INTERVIEW
VERNIETIGEN   FORMAAT
TRUC   SCHAARS
DAN   ENORM
TOESTAAN   RUBBER

Puzzle 16

```
J E N A P B R U L K O M X A V
L A E W P O W Z E L A N X V E
Z I X S H Y R U C A C A G W R
T E M P O G E T W A X B T T O
N E J I B R E V R R S X R J O
E A B I H A Z R T E R Q A X R
R R A E N T M N N E T E A E L
E D I L J I V R T I N V N Y O
R K U I D E A E S T E L E H V
E D F E I L H S C I M V G F E
L G E L E D E N H S G L I E N
O P E R S O O N I O A V E A L
T E R G E N S Y P P R Z Q A O
I X K X M T I J S W F Q K M W
```

POSITIE

PERSOON

SCHIP

PORTRET

TEMPO

HETER

BIJEN

GELEDEN

KLAAR

TOLEREREN

FRAGMENT

EIGENAAR

MOK

NAALD

GRATIE

LIEFDE

HELE

VEROORLOVEN

ERGENS

ZEER

Puzzle 17

```
R C H A H G V E R G I F T J V
E Y P J M E A H R K G U N Y A
K G A P Z W P H I Y E G V E R
R X N A J O P E S U F V N P K
S K X I B N E M I Z Z P E T E
P A R K V N L L C C W S I R N
I R C X E E I U O H A L F E G
X J P I M N G J T V A I A L E
L W Q L E S O S Z L R M R A K
S M E L T E N O I E D M G H W
V A K G E B I E D N R E O U E
Z W E M M E N Q C C N R E A T
V E R L I E Z E N J O E G P S
E I N D C O N T R O L E K J T
```

VAKGEBIED
EINDCONTROLE
KENNISGEVING
GEOGRAFIE
RISICO
SLIMMER
ZWEMMEN
PARK
ZWAARD
SMELTEN

BES
GEWONNEN
KEVER
APPEL
ALERT
VERLIEZEN
IJZER
VERGIFT
GEKWETST
VARKEN

Puzzle 18

```
O B N D P L E I W U J K P K V
F C N R A O T T E R C H A V O
A K H B F W Y S S V B R R V O
G R K T A K D O R Q N O A R R
E H L X E T L O H T U A P K O
K Q B I I N E R R E T S L A U
K Y I G T G D F Q L V W U S D
E L B N A P O S T B O D E T E
A N M L U K S M F R V T X A R
Q V J R T K C F J P W K B N T
T K Q E I M O N O C E A L J Z
H R F L S B Q T Z L J C O E O
N A M S C H R I J V E N E S K
S P I T S M U I S K M F M K Q
```

STERREN   HOLTE
SITUATIE   NAM
KASTANJES   OTTER
VROEG   WIEL
SCHRIJVEN   POSTBODE
SPITSMUIS   VOOROUDER
BAL   BLOEM
ECONOMIE   WOL
PARAPLU   OCHTEND
KAT   GEKKE

Puzzle 19

```
F  T  K  A  A  S  H  S  C  N  B  W  Y  O  F
R  G  N  I  D  L  E  M  R  E  V  B  Q  S  F
E  S  E  S  R  A  R  Z  I  V  O  B  B  Q  J
Q  C  G  Y  I  A  K  I  W  O  C  L  B  L  P
U  H  R  S  M  N  E  A  T  B  E  O  F  S  N
E  A  E  T  L  W  N  W  K  Z  G  H  U  E  I
N  A  B  E  D  E  N  H  E  I  L  I  M  A  F
T  T  R  E  A  Z  E  N  Y  L  T  E  H  E  K
X  S  E  M  A  I  N  O  A  S  O  K  O  R  T
F  E  V  C  P  G  I  A  P  L  L  W  Z  A  K
J  N  C  L  G  E  U  R  B  M  O  E  D  E  R
E  I  C  I  D  R  A  A  D  N  A  T  S  M  M
G  D  X  P  I  A  T  V  O  O  R  A  L  T  N
B  H  J  S  K  K  S  W  I  N  G  V  W  B  R
```

VERMELDING	KORT
STANDAARD	SCHAATSEN
MOEDER	VERBERGEN
KAAS	GEUR
AANWEZIG	FREQUENT
HERKENNEN	LEZEN
BLOEMEN	FAMILIE
SWING	CLIPS
BOVEN	VOORAL
SYSTEEM	UITSPRAAK

Puzzle 20

```
H  Q  E  H  J  F  E  I  S  S  E  R  G  A  W
I  L  C  R  W  L  G  U  U  K  L  T  U  S  I
G  N  I  K  K  E  R  T  E  B  I  R  C  X  L
B  E  O  O  R  D  E  L  I  N  G  Ë  C  X  G
T  R  O  C  L  R  T  S  A  K  D  P  N  O  F
E  Ë  R  W  K  O  L  M  A  A  N  K  O  O  P
L  E  K  F  O  B  A  U  V  E  R  V  A  L  X
E  R  A  P  O  A  H  R  B  S  Y  Z  M  O  E
V  C  A  O  H  T  E  D  W  S  F  I  M  H  N
I  T  N  C  M  G  G  V  E  T  B  A  V  F  T
S  W  I  X  V  M  T  E  G  E  N  O  V  E  R
I  L  I  N  S  P  I  R  E  R  E  N  G  S  W
E  K  J  I  L  E  G  T  R  O  O  S  F  W  R
C  A  F  W  E  R  K  I  N  G  T  S  P  J  X
```

BETREKKING
CREËREN
KAST
SOORTGELIJKE
DRUM
BORD
ORKAAN
AANKOOP
AGRESSIEF
GEHALTE

INSPIREREN
BEOORDELING
VERVAL
AFWERKING
TEGENOVER
MAN
LICHAAM
WILG
SKIËN
TELEVISIE

Puzzle 21

```
C O N T A C T D E N O R M E D
N E R E T S I U L E X P E R T
D I C R O E A I P Y S O N W I
K D J Y H W Y G I A T P S N G
F I P L T J G Z Q M O M T I E
E E E N E S T Y B L O E E W R
L N Z W A R T V G C R I I I E
S V M W K C O L L E G E F I E
T N R I N H R Q S T K Y R V D
Z E G N S X E S U C O F O T S
B A D G E S A J Z L C I T S C
M I N L C N E D E R T P O Z H
G S H J T L E N K Q S I M C A
V E R G U N N I N G F V N K P
```

VERGUNNING   MOTORFIETS
GEREEDSCHAP   DIE
ENORME   NEST
CONTACT   OPTREDEN
FOCUS   BADGE
COLLEGE   LUISTEREN
EXPERT   ZWART
MISSEN   WIN
INTERESSANT   ZEG
GROOTS   SNELHEID

Puzzle 22

```
S  P  J  N  V  I  M  P  N  B  R  L  C  V  V
A  I  I  M  K  L  N  D  Q  C  F  I  H  R  E
R  J  M  I  B  G  O  S  P  L  H  J  N  I  R
X  N  B  X  D  U  O  E  T  J  U  S  A  J  T
A  L  V  J  W  A  R  R  I  O  M  T  C  D  E
C  I  O  H  D  S  P  E  L  B  R  U  H  A  L
T  J  O  A  U  Q  G  G  A  I  A  T  T  G  L
I  K  R  N  I  Z  C  J  A  U  W  R  E  D  E
V  W  W  D  T  N  X  I  I  A  O  D  E  N  R
I  C  E  D  I  E  W  T  R  M  E  Z  M  A  M
T  T  R  O  K  J  I  L  E  D  I  U  Z  L  B
E  F  P  E  R  M  E  N  T  O  R  O  D  I  N
I  D  N  K  K  P  N  A  A  G  Z  G  N  E  P
T  B  E  W  O  L  K  T  M  G  E  D  R  A  G
```

HANDDOEK	WEIDE
MATERIAAL	PIJNLIJK
EILAND	WARM
VLOEIBARE	BUREAU
GEDRAG	NACHT
VRIJDAG	VERTELLER
TIJGER	UIT
LIJST	ZUIDELIJK
ACTIVITEIT	BEWOLKT
INSTORTEN	VOORWERP

Puzzle 23

```
V R I J G E V I G H E I D B Z
Q O V L O V B K O O R T S E O
T N D C O Q L A S M Z N X S A
J H Y O R H G M R A G N H T L
F G E D D R A I N S E Z G E S
B E V A T T E N F E T I A S B
B D L K A R I B O E I E T J E
V S P K H K A A R S T R N E S
G E P L U K T J X T A F Y Z L
O Z P A R T I J L D Q Q H E I
H M S T O E R I N R X X N L S
T R D L J Y C A N O C H B F S
T G H F A R T L Y W W X M V E
G E H O O R Z A M E N F M C N
```

TANDARTS
WORDT
ZOALS
KARIBOE
JEZELF
KOORTS
KAARS
GEHOORZAMEN
PARTIJ
GEPLUKT

BESTE
DROOG
BARSTEN
NOCH
BEVATTEN
VRIJGEVIGHEID
VOL
ZESDE
BESLISSEN
STOER

Puzzle 24

```
Q N P Q Z O R I L T A K W H A
Z Y H H H S U N H L Z C M U N
B T X S G P W D X G O V S I Y
V K R E T H C A R P L O T L B
R Q I J O B F X Y C F N A D D
R W C S R E K G U R E T E E
H R V I G T T L V Z W P S B S
S G I E T E N N E M P L A T Z
I O O M D Q E J W I O E P N S
Z E I L L K C K I D D H D H P
A R Y A U Z E N D M S C N O W
Y D R E E D U T S E G F A U Q
U O K G E V O E L H S V T T V
Q O W Z Z V O O R W A A R D E
```

GEVOEL	HEM
MEISJES	ACHTER
KEUKEN	AFGESTUDEERD
MIJN	HUILDE
MOOI	HELPEN
BELEID	GIETEN
TERUGKEER	VOORWAARDE
TANDPASTA	HOUT
CENT	ZEIL
GROT	ZEND

Puzzle 25

```
L I U E T U A F W N E T T T T
Q A Z J N K M F E F R S T R I
U M D S E H E R G W A A G E E
O H E I N M E N F K B R U I N
T B B E N G L R L B K T B N D
I W W M I G B E S I I N E E E
Ë L I V G A O K O J U O X L A
N Y A M E K R K D D R C M L Y
T N K J B K P A A R B L A E N
M Y J X I U J W N A R Z C T B
B G K A U J T A K G E P H S H
X M I E R A U Y W E H E T T W
M I T Y V X T A A N T V R I D
P R O F E S S I O N E E L U S
```

TREIN   TIENDE
WAKKER   MACHT
MIER   TAK
UITSTELLEN   HERBRUIKBARE
MEISJE   CONTRAST
PROBLEEM   BIJDRAGEN
BEGINNEN   NAVIGEREN
PROFESSIONEEL LADING
QUOTIËNT   SODA
FAUTEUIL   KOELKAST

Puzzle 26

```
K  S  W  B  E  S  P  R  E  K  E  N  N  G  D
T  A  N  E  D  R  O  W  E  G  F  E  J  G  U
R  N  F  D  E  T  A  R  I  E  F  J  S  I  I
B  D  P  O  V  R  E  D  A  V  U  H  J  D  Z
Z  W  P  I  O  L  S  P  P  I  N  Y  L  E
Q  I  R  R  O  I  S  P  E  G  Z  W  W  U  N
F  C  J  E  R  H  L  V  I  J  M  A  D  V  D
O  H  Y  P  D  T  H  C  S  E  S  L  E  G  P
N  E  T  T  E  Z  E  B  R  S  G  I  G  R  O
D  F  D  M  E  B  A  M  E  E  L  E  H  O  O
S  C  S  K  L  S  U  N  V  I  E  T  L  Z  T
U  H  C  A  L  M  I  L  G  O  N  A  Z  E  Z
V  E  R  O  N  D  E  R  S  T  E  L  D  J  N
B  U  I  T  E  N  S  H  U  I  S  P  A  N  V
```

MEEL	PERIODE
ZORGVULDIG	GLIMLACH
BUITENSHUIS	PAN
WASSEN	TARIEF
VOORDEEL	VEILIG
VERSIE	BESPREKEN
DUIZENDPOOT	GEWORDEN
VADER	VERONDERSTELD
FONDS	BEZETTEN
WEERSPIEGELEN	SANDWICH

Puzzle 27

```
A T O M A I R E L E F U S C M
U U C L T D N V S Y B I C A E
S G Z Y Q W C T S N L I V E D
T D T V B U O M V H O G K P I
E O H X P O T L O O D N O P A
K M Y O M R X I Z I K E S D A
S I R V P T A F Y A P R T W A
T N M L D R O N A A S E O O N
F A P A N E M R E T N C F E N
O N D B C V P Y H S Z U F N E
V T F K I S D E B A T D I S M
X O B N E I Z D T F A O G D E
J C I O D B B T E J Y R E A N
G T T H F R K S J J L P V G A
```

WOENSDAG
ZIEN
AANNEMEN
STOFFIGE
TEKST
TERMEN
PRODUCEREN
ATOMAIRE
MEDIA
HONKBAL

DEBAT
POND
ONS
POTLOOD
LIVE
VERTROUWD
DOMINANT
TOESPRAAK
FILM
STOOM

Puzzle 28

```
F F U I A W S Q V A P W L T W
W J B P O V L K D D A A R D E
H E D N E R E O V T I U A O G
G U Y L J W C W R A V Y J R W
O G L R B I H B L O E D E N E
U W G S N V T R R U R Q J N R
D S X Y T I S S P A P I E R P
A D E M E N T I N D I E N E N
D S Z P A N E N E O H C S I X
P R O F E S S O R G K A W Z T
L M E F P R O B E R E N U P W
K R U I S Q Q U S O M V E B S
E T E M P E R A T U U R I P M
H I E R O N D E R X P Y N Q Y
```

SCHOENEN
VORST
SLECHTSTE
PROFESSOR
ZWAK
BLOEDEN
WEGWERP
PROBEREN
HULST
PAAR

KRUIS
HIERONDER
ADEMEN
DRAAD
GOUD
NIEUWS
INDIENEN
UITVOERENDE
TEMPERATUUR
PAPIER

Puzzle 29

```
S  C  M  X  R  E  D  D  I  R  R  H  E  F  I
G  A  A  U  S  W  E  I  F  T  D  G  D  W  K
E  W  M  N  E  R  M  R  E  D  I  U  L  Y  P
B  I  E  E  T  A  A  Z  V  B  G  J  E  F  S
R  N  O  Z  N  T  T  H  C  O  K  E  G  R  R
U  D  L  J  E  L  T  W  C  Y  L  G  E  P  H
I  V  B  I  D  D  E  H  G  W  K  D  R  Q  U
K  L  E  W  N  N  I  V  P  T  U  A  E  J  M
E  A  N  E  A  B  S  S  I  O  X  M  G  S  X
L  A  N  B  T  O  P  S  G  N  E  T  E  O  V
I  G  O  G  I  T  A  M  L  E  G  E  R  N  O
J  Y  Z  W  C  I  K  A  N  D  I  D  A  A  T
K  S  O  C  I  A  A  L  N  O  T  I  T  I  E
E  B  V  F  G  N  O  M  O  N  I  T  O  R  Z
```

SOCIAAL
ONREGELMATIG
TANDEN
OUDERS
SAMENLEVING
VOETEN
TARWE
WINDVLAAG
BEWIJZEN
POT

GEBRUIKELIJKE
ZONNEBLOEM
KANDIDAAT
RIDDER
LUIDER
EERVOL
GEKOCHT
MONITOR
GEREGELD
NOTITIE

Puzzle 30

```
P T C E F F E R U R X L V G U
R E S G B I R S I Q U Z M Z E
F D R A A H W H T F D U U R G
C G O Z A Q T W S A D B F E R
W P T V I R E K T E C P S K E
P A U Z E K N O E A Y P G J C
E N E R O T S Y K Z A Z M Z H
R I T X H D J P E N L U F H T
V G G E V R R B N B A K K E N
A A F T N E R E D N I M R E V
R P Z V W K N C E O H W P U P
I H H T V L V R E E D Z A A M
N X N Q B E I N D U S T R I E
G O V R E U G D E V O L Q K B
```

EFFECT
INDUSTRIE
VREUGDEVOL
ERVARING
PAUZE
VREEDZAAM
DUUR
PERZIK
ERWTEN
VERMINDEREN

GESPANNEN
UITSTEKENDE
DAS
ELKE
BAKKEN
HAAR
ONTWERP
PAGINA
RECHT
STOREN

Puzzle 31

```
F V P N B S Y R Q I B G C T J
R E D D A L E G N E N Z M O O
A D S H A O U H C I E W R E W
A U Z F E A Y V Z C D A O V L
B U I L I I A N B C J A N O A
K P M B T K U R Y T I I D E Y
I G S N A B I S H R L E W G N
H Q N N L F S A I G I N F E F
C G T C E R R O C E N Q P N P
S I Z E R E D N O H K H Q Q O
E H L L A R E V O O T P H L I
B V I E R D E H P O V O P P N
H X I B P U V W K R I A H H V
L I D J G L W S D D S Z F H F
```

LIJDEN
GEHOORD
VAKANTIE-
TOEVOEGEN
BESCHIKBAAR
BUS
CEL
ROND
ZWAAIEN
CORRECT

OVERAL
OOM
ONDER
UIL
INKTVIS
VIERDE
ENGEL
BUNZING
RELATIE
LADDER

Puzzle 32

```
E I T A N I B M O C L E D O H
B R B A H Y L G H E C Q K T K
P L H C N U L E B I L I C C X
R E I G L D H A N D M A T I G
O E G J O H G I A G Q P K D C
D R E G K E U D F T I Q E R P
U O L B A L S Q V A W R D E Y
C M E E L I T X U Q G H E V Q
T Z E W I K R E I V I R B P J
S P R I S O I H A M S T E R U
L K D J E P J E L L E N D I G
I E V S R T D X X R P U N V G
Y R O L E E U K O Q D Z M P B
Y A P M N R Z E V E N W B N K
```

HANDMATIG
HAMSTER
MOREEL
PRODUCT
LIBEL
BLIJ
TAAL
TAND
BEWIJS
GELEERD

VERDICT
COMBINATIE
STRIJD
BEDEKT
RIVIER
HELIKOPTER
LUNCH
ZEVEN
ELLENDIG
LOKALISEREN

Puzzle 33

```
B E H U L P Z A A M V P O O B
C L G E E K H O O R N S E V S
T M E S B U U I T T T I F E T
A M M K Z R R J B O P V E R R
F F E T O E G A N G O V N H U
B B E C C D R D J G J H E E C
E T N O H E B Q I D I N N I T
G E S L O O J E F Z T U Y D U
O L C L C M A O R U U V P I U
N E H E O T L A A I N I L Z R
N F A C L O F U M L C S D I A
E O P T A O W O D T Q H K N H
N O K I D R N D K L R L T U J
T N H E E G R G R A P P I G M
```

GEMEENSCHAP
BEHULPZAAM
STRUCTUUR
GROOTMOEDER
BERICHT
LINIAAL
CHOCOLADE
VUUR
BAR
OVERHEID

OEFENEN
COLLECTIE
GRAPPIG
TELEFOON
VIS
BEGONNEN
EEKHOORN
TOEGANG
FIJN
STOND

Puzzle 34

```
Z C I R I X P N G L N X T B W
G D T Z R B X Y Y E D D Y A P
N Q G R O A Y T H Z I T K S J
I Q V E P U O C G S E Z D I Q
T K T K L D A J T E M A D S R
R U W K J L J R O M S P M I E
O N T I G V I D B K N I E T K
K T T K B B W I E G B I P E E
F L E O U A A N G E V E N M N
A N S E K O S T B A A R L T I
D F R U I T Z I J D E N J Y N
R E M E N K R E W M N Y K P G
N E K I E R E B X N Q U I E T
E E G L S Q G D M G Q C U S W
```

REKENING
AFKORTING
DISTRIBUEREN
ZIJDEN
KOSTBAAR
KNIE
LACHEN
BOT
AANGEVEN
MES

WIEG
SET
KIKKER
BEREIKEN
WERKNEMER
BASISITEMTYPE
ZES
DAME
FRUIT
ALTIJD

Puzzle 35

```
S A M E N W E R K E N U G V S
V E R S C H I J N E N W E U J
W I J D Z T B T Q X C Y P Y M
C O Y O T E T G O O R D R X R
G T E I T W O F E U A D A K K
P D I E G P L Z M F A E A A N
V E R Z E N D E N C R T T E A
O C F H H A G E L T E I R Y B
Q Y L K A Z J U G D L E R E W
K L I M V A P B R J T A F E R
Z E G T N Y N O V S K N B M D
V O E R T U I G I M H W P R Q
Z P N Q T N E G I L L E T N I
O F J O N T S N A P P E N A U
```

BANK
COYOTE
INTELLIGENT
TEDDY
GEPRAAT
HAGEL
KLIM
VOERTUIG
LERAAR
ONTSNAPPEN

WERELD
DROOGTE
BETER
GISTEREN
HAAN
ZAK
VERSCHIJNEN
SAMENWERKEN
VERZENDEN
ZEGT

Puzzle 36

```
T G L P H O B L Z X G O T Y T
O S V D R R I E S S Q L M G M
S T A A T I D N D A L T J R U
H S Z B I C E A O R K D I B M
V E I R P O N D Y G I A I M B
O I C U I N T Y C N M E E G X
O R H I H S I M R I B D G V Y
R T Z L J T E V R L E F L E S
R Y E O O R K P D R W W E N N
A T L F K U T S L E O P E T A
A H F T R C C E B E N E V E L
D H U L P T P R D L E Z E E K
O N T D E K K E N K R H N L N
W E N S A U T O R I S E R E N
```

STUK
HULP
AUTORISEREN
ZICHZELF
VEEL
TRIEST
EENS
CONSTRUCT
LEERLING
GRAS

IDENTIEK
VOORRAAD
LEVEN
WENS
BEWONER
STAAT
BRUILOFT
BEDRIEGEN
PRIMAIR
ONTDEKKEN

Puzzle 37

```
A  W  N  I  L  O  R  E  G  E  L  E  N  D  O
W  F  E  J  F  L  O  W  K  V  S  Z  S  R  Q
T  X  C  C  Q  N  O  G  L  D  I  W  I  K  G
O  P  P  K  U  I  Q  A  D  E  U  A  A  N  G
L  A  N  E  R  A  D  M  K  U  B  L  N  J  E
B  U  K  I  R  X  L  T  E  K  C  O  P  I  Y
I  W  T  F  R  Y  E  H  A  A  R  T  M  N  K
J  J  H  I  W  T  G  C  I  R  I  O  Y  O  H
N  K  W  C  D  S  E  I  J  B  S  L  F  K  K
A  N  H  E  D  R  O  Z  H  A  N  D  E  L  M
S  V  E  P  T  G  I  T  R  V  X  W  H  Z  H
T  R  X  S  D  G  E  I  D  R  I  N  K  E  N
B  M  W  P  X  K  N  U  Z  N  F  K  N  E  Q
O  N  T  H  U  L  L  E  N  X  A  E  X  R  L
```

ONTHULLEN	KOM
KIWI	UITZICHT
BRAK	SPECIFIEK
ARENA	DRINKEN
BIJNA	OOR
BUIS	ZIEKTE
POCKET	WOLF
AAN	BREEDTE
EGEL	HANDEL
REGELEN	KONIJN

Puzzle 38

```
K  N  J  I  D  R  O  G  M  E  E  S  T  E  R
A  I  E  I  O  O  M  A  V  S  A  V  L  H  K
C  V  G  M  W  I  N  T  E  R  Z  W  U  C  T
H  E  N  L  E  Z  A  T  S  J  I  R  N  U  F
E  A  I  E  K  L  H  A  A  S  K  K  A  O  T
L  U  L  T  G  L  B  V  O  L  U  M  E  D  O
T  G  A  K  V  E  H  O  H  O  U  H  K  T  W
O  H  D  U  N  P  N  C  R  P  H  A  H  B  E
B  N  F  R  Z  J  S  L  P  P  L  P  B  D  Y
T  W  H  O  X  I  T  H  R  D  O  D  X  F  E
A  P  U  C  T  I  D  E  N  T  I  T  E  I  T
K  S  S  I  W  I  L  D  E  R  N  I  S  H  M
G  D  R  O  O  W  K  L  E  U  R  R  I  J  K
B  K  V  X  D  F  V  V  R  S  Q  N  R  I  A
```

WOORD	KRITISCH
PROBLEMEN	KACHEL
MOOIE	HAAS
NIVEAU	MEESTER
VOLUME	WINTER
RUKTE	RIJST
GORDIJN	DOUCHE
IDENTITEIT	ZAT
DALING	WILDERNIS
NEGEN	KLEURRIJK

Puzzle 39

```
V C F E D I C H T E O R R L S
R E M I W A S N E Y L N C D Y
I N W S B W H Q O N E G L O V
J T O U B L O U S E P O T O G
H R D L E T S R E H R X G R N
E A V C O M M M O R G E N E H
I A E N O O R D E N L R Z K E
D L R O K C I S T S D E A K E
I W M C O S W O I N I D S M T
U Q G P R T N E K R E W D P P
Z D B W T O Y G V T I U Y S L
A K T G E R C E P O L I T I E
Y L Y T B M B G E H O U D E N
R B F G D K W H I W J V C F R
```

KORTE   NOORDEN
CENTRAAL   VOGELS
MORGEN   BEVRIEZEN
GEHOUDEN   WERKEN
HERSTEL   CONCLUSIE
RAMP   BLOUSE
VRIJHEID   VER
DICHTE   HEET
VOLGEN   POLITIE
ROOD   STORM

Puzzle 40

```
D E Q Z K U C S Y R S T B I J
O M H E L S D N E A C H L M H
M U I S L Q L E I A H E O X W
S T L Z A M H G T N O O K M D
C D W J O T K N A M R R K Y G
Y X N T S H R E R A T I E J G
E G T A O N O R T A Q E N U D
H L G S A P K B S L M G E G O
Q U A Q G M U Q I T E E K E N
G S F N J K S K N I D N O J R
T H E E D R O K I J I C K Q Q
S C O O T E R Y M D E Y K I S
U T F I R H C S D J I T I W Q
V Q U Y E Q S H A P D F L T Z
```

ADMINISTRATIE
TIJDSCHRIFT
MAALTIJD
THEE
MUIS
NAAR
BLOKKEN
DUN
SCHORT
MAAND

KIL
OMHELSD
KROKUS
ROK
SCOOTER
ELAND
KOKEN
THEORIE
GASTHEER
BRENGEN

Puzzle 41

```
I  V  R  I  J  W  I  L  L  I  G  E  K  X  C
W  N  E  K  I  U  K  G  T  K  R  E  E  G  K
E  E  V  K  W  M  R  X  A  I  C  M  K  A  P
R  L  G  L  O  T  O  B  H  C  I  M  R  A  R
E  L  E  S  O  N  D  N  C  D  C  A  R  F  A
L  I  D  O  U  E  B  J  S  Q  K  B  I  W  C
D  W  R  M  L  I  D  I  N  T  U  N  J  I  H
B  R  O  M  N  Z  L  L  E  D  E  J  K  J  T
O  B  O  I  N  A  L  R  D  D  R  R  S  Z  I
L  B  G  G  Y  N  Z  A  R  I  P  O  T  E  G
Z  X  D  E  V  I  G  Z  O  C  S  I  E  N  E
O  C  E  P  M  P  T  Q  O  H  E  N  H  T  U
I  C  B  P  J  S  L  E  W  T  G  E  U  R  I
E  G  I  D  E  O  M  T  U  O  T  S  B  N  F
```

MONSTER	DICHT
KUIKEN	PRACHTIGE
RIJKSTE	SPINAZIE
STOUTMOEDIGE	INVLOED
KREEG	LIJN
WERELDBOL	WOORDENSCHAT
SOMMIGE	AFWIJZEN
GEDROOGDE	KARAKTER
SPREUK	WILLEN
VRIJWILLIGE	SENIOR

Puzzle 42

```
T U I N K E R S B Q S S J K Q
D A A R Q N S E M E K A M E G
E V J D Z D W R G W L I W I B
B N R M I N E E L L A U I T I
F E T H C E L S D D S Q E I M
W K E A E T H F S N S K N R X
D K Q X P E X R T A E E S K Y
R O P S T M N L E B O E D X R
S R P Q F E O H K D J P P N Z
D T Z P Q P R M G S R T E N T
B E Q Y P I A N E R U E D V F
P B V E R L E D E N S S E C C
I C M M U S E U M N D W R M O
B E R E K E N E N I F O D M Z
```

GEMAK
MUSEUM
EXTERN
KEEP
ALLEEN
WIENS
TENT
VERLEDEN
SLECHTE
TUINKERS

MEERDERHEID
BETROKKEN
BEREKENEN
WERD
METEN
KRITIEK
UREN
SLIP
DAAR
KLASSE

Puzzle 43

```
P W O E S T I J N T Y A C G P
O I M G N X X M N G W O I W R
N L J G R S M E U A A T S V O
T I I N E X M G L T R T W G D
W N L I L E V K R E W K E H U
I K I L N I M H E E C C F D C
K S M E D X J V H A R D O P T
K T V D E H O K W A A R B Y I
E E L N E V E L E D E M R K E
L K E A X B O G E W E L D I G
E E I H E I G E N D O M H L Y
N C D E T R O O B E G R M H G
Z S E B T O M A A T I O O N P
K F R R M T M P A R C Z Q X J
```

WOESTIJN
ONTWIKKELEN
NOOIT
LINKS
EVENEMENT
BEHANDELING
LEIDER
MEDELEVEN
GEWELDIG
VEERTIG

GAT
WAAR
TOMAAT
EIGENDOM
PRODUCTIE
LIJM
HEKWERK
GEBOORTE
HARDOP
PIJNLIJKE

Puzzle 44

```
R R R J J K U G I T N I W T I
G I H O E J J M O T E L K O N
F N J V L I E G E N G K A Y D
S E B K Z L J S H V R O N V E
I K N O Z E V U C V O F E R X
N J A U T K W B S W Z F E O E
E I A K H K C S I N F K L U S
G L H W C A S T M R E C A W W
E E K F I M O A E M I D Q E C
F G N D L T N N D Y R S J L Y
S R I O P A D T A V E L W I O
Y E R J E D K I C B S Z W J T
M V P R H G N E A D W F N K D
Q Q S R A E B A S I S U Q E C
```

SPRINKHAAN
ZORGEN
INDEX
PLICHT
MOTEL
SERIE
TWINTIG
ACADEMISCH
KANEEL
RIJK

HOE
GENOEG
PAD
VERGELIJKEN
BASIS
MAKKELIJK
VROUWELIJKE
TIJDENS
VLIEGEN
SUBSTANTIE

Puzzle 45

```
O S H N E F W S J V R D M C H
B U R E Q E T G T S U K S S O
M E O G R Q C Y S A V U W H N
F I E E B T A W C B D K H Z D
F R Q T T U E G H F C I U L E
Z E Y A J R F N U O B W U E R
B S U D M E P I U T R A M M D
S C H A D U W R R E I H I K Z
G E N O M E N C P O P D P B H
C A R R I È R E I V E O Q Y X
O N M I D D E L L I J K E E W
H D U I D E L I J K M W R Y X
G E L E I D E L I J K E U F C
Q O N A F H A N K E L I J K A
```

TEGEN
ONAFHANKELIJK
STADIUM
VOET
HONDERD
KUST
RING
HERTEN
BEETJE
TRAM

DUIDELIJK
GENOMEN
GELEIDELIJKE
WEEK
SERIEUS
SCHUUR
HIER
ONMIDDELLIJK
CARRIÈRE
SCHADUW

Puzzle 46

```
D Q X D I E H G I D R A A V D
C L X N E R E T C E P S N I T
P E R F E C T N B O T S E N B
O B L C D S T F V Z P K E U L
K A N G O E R O E O W S R B A
R V O I M I O T K E U G E B T
H O N T I V V S X K E D K W E
A O T H S D U O T R K D I Y R
L R V C S A G B L O K Q V G I
L B A A I N Z I E M A A R Q N
O E N D E H J D T G T P D E A
Z E G N J K D L E B M Y K Y K
C L E A W E Q P K I P E A O M
M D N A X L E I B A T S N I F
```

MAAR
STOF
PERFECT
KANGOEROE
VOORBEELD
ONTVANGEN
TEKEN
BLOK
BOTSEN
AANDACHTIG

HALLO
MISSIE
KETEL
INSPECTEREN
VAARDIGHEID
INSTABIEL
EENVOUDIG
LATER
ADVIES
BURGERLIJK

Puzzle 47

```
J C Q G F M L T W K B T W Z E
Y F L F O L R E V X J O U W F
O Y G R D I E R L I J K E A F
L C A G E S D M D Q X P E A E
H A Z O N N E W I J Z E R N C
D P P N E I S I O P T I E E T
P O F I W R K H N S T Q O I E
S N T Y U P J B A Z T J P T N
D Y C M E R I G A D E A N J Z
K G W L E D L R S I D T E Z V
U E L G R T R O P X E P M F O
B V O O H U A Z I O S E E E D
K O D O C Z A N K X G G N O F
H Z M V S O J A I O T D H W H
```

ZONNEWIJZER   EXPORT
ZORG   OPNEMEN
TIEN   OOG
VERLOF   PRINS
EFFECTEN   ZWAAN
EEUW   OPTIE
INZET   JAARLIJKSE
DAG   DAAROM
SCHREEUWEN   HOOG
PONY   DIERLIJKE

Puzzle 48

```
G B T G R E N S S P N N A M N
P D O A F V Q E Y W E I J E V
I J U B U Z R E D U O N K D U
N S L M N D C Q M A K O U O U
A P P T A A H W Y L R K L B R
V P K Z N B A O M B J L E C V
B O O N A S T Z E V P A G Q L
E N E R G I E G M C X B P E I
G T C O V E R W I J Z E N V E
C T E V R E D E N B R I E F G
N D B A Y Z E A F S T A N D P
F R D O Y J B C O N F L I C T
V H F P K X N Z L Q X M D Y R
Z U O W I E K N M M L D K N I
```

GELUK	KAM
ADRES	TEVREDEN
BALKON	ENERGIE
VERWIJZEN	GEBROKEN
AFSTAND	HAAT
BOON	GRENS
BRIEF	OUDER
VUURVLIEG	WASGOED
BED	CONFLICT
BLAUW	BODEM

Puzzle 49

```
O G E B R U I K T R E P O K S
Z N E L A H L Z E E Z I A E N
I E T J B T C G T T V R I R E
C K S D I O R L F A Q S D A E
H N T E E U Y B O W I C I Q U
T E P L B K L E L V M E J A W
B D A M X R K G E L I C H T V
A A A M V E W I B V M K Q R L
A H T I E W N D N A P R Q V O
R L E U G E N E R G E O L D K
O O R Z A A K L V N R O C M X
B E R O V E N L W A A N J U P
I P Q I R S K O N H Y V G E G
O H H T E D P V U P V T F F Y
```

LICHT	OORZAAK
VOLLEDIGE	PER
BEROVEN	ONTDEKKING
DENKEN	HANG
HALEN	GEBRUIKT
VISIE	WATER
KROON	SNEEUWVLOK
ZICHTBAAR	LEUGEN
WERK	BELOFTE
HAMBURGER	KOPER

Puzzle 50

```
Z  B  F  H  L  J  C  G  H  P  R  G  R  B  L
E  N  I  E  M  A  N  D  S  J  N  E  D  A  R
L  O  R  T  A  G  Z  M  A  A  J  F  A  U  T
F  B  I  T  C  O  D  S  L  C  T  S  U  G  A
V  Z  A  N  D  K  A  S  T  E  E  L  T  E  C
E  S  N  D  N  X  B  U  Y  D  I  I  O  N  H
R  D  P  N  A  A  K  A  A  I  R  A  M  E  T
Z  Q  N  E  L  U  U  G  N  P  O  M  A  G  I
E  M  I  T  E  K  I  Q  X  G  V  R  T  E  G
K  E  Z  R  M  L  J  A  J  D  A  T  I  N  L
E  T  R  O  P  S  S  Z  O  J  F  X  S  H  O
R  I  M  O  M  I  N  U  T  E  N  Z  C  E  C
D  N  C  S  L  E  N  G  T  E  V  L  H  I  Q
J  G  N  A  G  N  I  X  E  O  O  Y  W  D  Y
```

MAIL	LAND
BANG	LANG
RADEN	TACHTIG
SPORT	ROL
MINUTEN	SPEELS
ZELFVERZEKERD	SOORTEN
ZANDKASTEEL	GENEGENHEID
METING	AUTOMATISCH
LENGTE	NIEMAND
INGANG	FAVORIET

Puzzle 51

```
A  M  M  A  R  G  O  R  P  D  I  V  K  P  N
P  C  D  R  I  L  I  N  J  I  R  V  U  E  T
B  S  H  P  H  H  R  F  G  E  I  U  V  R  J
I  I  G  T  E  A  P  E  T  P  H  Q  X  I  R
N  E  G  I  E  A  T  I  L  G  B  B  W  M  Z
A  I  P  X  R  R  H  Q  T  L  E  R  Z  E  H
L  T  O  U  O  N  V  O  W  T  K  U  I  T  U
P  I  R  K  L  F  N  O  N  Z  J  G  N  E  U
A  D  K  Z  K  E  G  O  L  X  I  M  G  R  R
I  E  V  E  L  O  R  F  E  G  L  E  E  V  J
N  P  R  L  O  F  H  W  P  B  I  P  N  J  I
F  X  Y  D  F  L  B  S  S  P  E  N  U  Q  F
C  E  F  E  L  E  Z  S  D  A  O  H  G  G  Z
E  K  R  N  M  O  O  I  E  R  M  R  A  T  I
```

DIEP	EIGEN
HUUR	FOLKLORE
PERIMETER	MOOIER
GETROKKEN	ZINGEN
BRUG	ZELDEN
VRIJ	ACHTERVOLGING
PROGRAMMA	FRONT
ARM	EXPEDITIE
ELF	MOEILIJKE
PLAN	SPEL

Puzzle 52

```
A U S G W D P A A R T N D J N
C W C F Z N G R E B E O R G E
Q N N U Z P S L E T E P U J L
A E A C C U X C A S L E K I E
L T E W I Y L L M I I T D O Z
D W V K C U R E B N O D N X R
U E E T P E M N R E P L E N A
S R I E V M H S E G S P R N A
Q K L R Y C F H O N T K U R T
B L O E M K O O L A I E E T G
Q E G X R T F J A V J K B O S
T C A Y S P O Q Q E G Y E P G
E V A L U E R E N G E A G I G
M O E E X B S O O L N I Z U G
```

PRESIDENT   OPSTIJGEN
BERG   SUIKER
OLIE   PET
ZINLOOS   TER
DRUK   VERLATEN
RAAP   GEBEUREN
NETWERK   BLOEMKOOL
ALDUS   SNEL
AARZELEN   EIKELS
EVALUEREN   GEVANGENIS

Puzzle 53

```
L Z W V V B K Q S W Z N Q W B
S C I E K E I S Y F E O P V Z
C N J R Y D R E O I N O I C N
O E Z M X D N B Z U P R U I M
R R I I N U M E L G O T E H D
A A G J I H G A L I V A O O K
N L E D E C F L W D J P K N W
J K N E T S W N K U O F Q E X
E R G N I L L E T S N I I C R
G E B R A C H T H N E R U T S
E V Q S T L I T L D R X D L H
W Q K F N Q S I S P E O B H D
N N X S P D E Z X W I V U D L
N A T I O N A A L A E O R G Q
```

EIEREN
INSTELLING
STUREN
VERKLAREN
GEBRACHT
FYSIEKE
VERMIJDEN
ZITTEN
HET
NIET

NUL
OOK
VERBLIJF
NATIONAAL
GEZIEN
SCHUDDE
PRUIM
ORANJE
WIJZIGEN
PATROON

Puzzle 54

```
O N D E R S C H E P P E N G W
O E X D R Y G I N N O Z C N U
N R O L H N L C E E S E K I U
D E J E M D A M E H T K E R R
A L R O C Q Z K T S A A H E G
N A J V F D E I T C A W A D N
K N D H X O N I U T L C T N I
S G B E J B T E Q L P Q S O T
S I E D A N O M I L Y J O Z S
O S W C K A O Q O R I X F T A
U B N S P A S H J W V U H I L
G E T R O U W D N I K W J U E
B E P A L E N R R P L Z A L B
A F L V E N S T E R X M U Q Z
```

ONDANKS
UITZONDERING
KIND
GETROUWD
VOELDE
VRIEND
LIMONADE
THEMA
PLAATS
GEHAAST

ONDERSCHEPPEN
BELASTING
ACTIE
WIJS
GLAZEN
ZONNIG
SIGNALEREN
AANBOD
BEPALEN
VENSTER

Puzzle 55

```
V C E S Y A B S O L U T E B C
M U Z L W L E B I X E L F E I
O X I D P U K S T D G I B K R
M G N L H I R O C W L D E E C
E J D B E P I M Q H O O M N U
N F I F W A J V A F K K P D L
T C E O B A G W F F A O L N A
H O R E N R E A P O A R H O I
K M P U S D N P F P L K C B R
Q V S U N E R E S I N A G R O
B E R E I K T N L C I D C Q E
B O E K L U G B W X Y A Q B A
W U V Z Z O L K A R W B E L O
J B P D L A E T O R G R E V O
```

LOKAAL
LUIPAARD
TAXI
MOMENT
OVERGROTE
KROKODIL
ABSOLUTE
KRIJGEN
VUILE
VERSPREID

OPA
WAPEN
SOM
HOREN
WORM
ORGANISEREN
CIRCULAIR
BEREIKT
BEKEND
FLEXIBEL

Puzzle 56

```
D S M G Z H O M M A W K N J K
H U R N M Q M T C E L E S B B
B G U D N O B U V R E P P A D
E G E M P Q H E V G T D W S X
E E O K M N E S N E M N O R B
L R E L L E T I X M D S H E R
D E E K L P L N L E X X S P N
D R M O K E S T E E N K O O L
L E D A S S L A A P K A M E R
D N C T X U I T G E V O E R D
N E O J L I M R I M P E L S X
W L C F M X M U O E Y K A T W
P R K V K Q L U S W B E C A H
S T O O R N I S M W I S T D X
```

STAD
SLAAPKAMER
MEEDOEN
UITGEVOERD
SUGGEREREN
STEENKOOL
KWAM
BEELD
MENSEN
MAXIMUM

DAPPER
RIMPEL
KOE
WIST
SHOW
PLOTSELING
TELLER
MILJOEN
SELECT
STOORNIS

Puzzle 57

```
Z C N N S B W S U V S Y Y V T
H U E O N T S M P E J T E N S
I L M G O W R A A V E G O C J
K G E M E S H A N A M G A E I
D N N G P O O K R O V U I Y L
P I N L G O P M E Z P M M G N
T S V W L R L D E B I C A N E
Y S M I G T R D W T O N U N D
P A V H S O T Y E R G N V D R
I R E E Y I S R G T V M S H O
S R K A L M E W O E D E N D O
C E P E Q N E L E I V W O B W
H V W L E Z G T B N H L P Z X
L B Q R A O O P Y Q Z X S Y C
```

IMITEREN   SMAAK
KALM   NET
SPONS   NOG
DIVISIE   NEMEN
TYPISCH   SOORT
SNOEP   GEWEER
GEVAAR   VIELEN
WOORDENLIJST   GEEST
VORK   WOEDEND
VERRASSING   STOEL

Puzzle 58

```
R  Y  R  I  V  S  R  B  G  P  J  I  S  Z  S
Z  I  E  K  M  T  A  K  J  R  J  O  C  I  P
O  M  G  T  P  R  A  T  C  E  N  B  H  E  I
B  M  N  Z  T  A  L  M  N  W  E  B  R  S  J
S  S  A  E  K  A  D  E  Q  R  P  F  E  P  S
E  O  W  Y  L  T  R  S  X  E  A  H  E  I  V
R  A  Z  L  S  E  W  H  R  D  H  M  U  G  E
V  V  D  M  G  N  N  K  E  N  C  P  W  N  R
E  N  L  A  A  T  S  N  G  O  S  L  I  I  T
R  C  E  E  G  O  A  I  E  M  E  E  R  L  E
E  R  F  Q  E  T  P  U  L  U  C  X  T  A  R
N  D  T  A  T  S  J  R  B  B  L  O  E  D  I
B  R  O  E  K  A  Y  B  B  O  H  S  T  F  N
W  L  O  A  P  F  P  P  F  R  W  T  A  A  G
```

OBSERVEREN	BROEK
ZIEK	STRAAT
MEER	BRUIN
SPIJSVERTERING	BLOED
SCHREEUW	STAAL
REAGEREN	SCHAPEN
ONDERWERP	NECTAR
ZWANGER	AFDALING
VLEES	NATTE
HOBBY	REGEL

Puzzle 59

```
T P L O D W R E G N I V F A S
P B A F F O E S R Y T U T E R
Y K A S Q R G A R L U Z J M E
M R T K A S E L B F K K L E T
R E R W S T N O K P O T O P S
C G A O Q E V H G L S N P W E
D E W V S N A V K B V L L E W
N R K X P I L W U O R O A G S
N E S K O B U Q O Z A P V A G
N N A M R E E W D N A R B H P
G N I R E T S E V N I O W B Z
E Z E N E N O W J I B E B Y I
B D S G L A N Z E N D P O M N
M A D E L I E F J E W J O F A
```

BIJWONEN	REGEREN
SLAAP	SORRY
SNEEUWKLOKJES	TOP
REGENVAL	VINGER
OPROEP	WEG
WESTERS	BOKSEN
LES	ZIN
KWARTAAL	BRANDWEERMAN
INVESTERING	GLANZEND
WORSTEN	MADELIEFJE

Puzzle 60

```
O C D O O N K K D Z E M M L R
N P F R S A K S V N L K V H I
V N E T T E Z L A E E O P N C
D E E E M A E L R K M C J H
V M L T N V G F S E T U O Q T
D E E C N V B A E L R E L R I
D N B A N I O T S U I N A E N
F T A P Q I I L K C S I A G G
R N T M K R E J G R C Y M E K
M O B O L U Z F Y I H R I N O
X D R C T H C A Z C N E C B V
T D C E M E E S T W J G E O E
T E L E U R G E S T E L D O R
O G H V E R K E E R D Z H G I
```

COMPACT	AANVAL
OPEENVOLGING	MEEST
ZETTEN	BELEEFD
ONTNEMEN	DECIMAAL
REGENBOOG	CIRCULEREN
OVER	VALSE
VERKEERD	NOOD
TAFEL	SLEUTEL
RICHTING	ZACHT
TELEURGESTELD	ELEKTRISCH

Puzzle 61

```
R M C H B Y W J M T B Y B M V
I A O S A E O I U M L S E O V
E U M C P N J F N U I M L T W
M K M K G A D B T E J E E I N
B E U E V I S H K S V E D V E
K G N T Y H H V A H E N I A R
B S I P D I M Y D V N Z G T E
E S C M A N A G E R E U E I O
N R E D N I L V A W O N N E V
O O R D O N Z I C H T B A A R
E L E T I T K P J Q N W R T E
M O N T W M X V A W E Z E L V
E S Q B Z K I N A H E B B E N
N I R C X Y E T R G G C N D B
```

BENOEMEN
TIMIDE
TITEL
MANAGER
JONGENS
MUNT
BLIJVEN
VERVOEREN
RIEM
EEN

HANDHAVEN
JAAR
WEZEL
MOTIVATIE
BELEDIGEN
SOLO
ONZICHTBAAR
COMMUNICEREN
HEBBEN
VLINDER

Puzzle 62

```
Z F C A E B M E L K K S R E K
W C E N E N E M E G L A G A E
R A C E U H N N E I V C N Y O
G G C N N W P P J N T O K T Z
E E N I M O P T F Z A U K D E
D N W M K L A S T N R M A S B
R E H A J G G I W Z Z V L I Q
A R P T E Z U N U C P N K M K
G A N I M R A A L E D A O P S
E T R V E K N E D E T S E B P
N I I T N A A S T N T D N I W
B E H U I T L E G G E N Y P H
P C A L T E R N A T I E F V O
A G I R O N D E R Z O E K E N
```

UITLEGGEN   GEDRAGEN
MELK   VITAMINEN
KANT   GENERATIE
ACHTERUIT   BESTEDEN
KERS   NAAST
SLIJTAGE   WIND
KLAS   ALTERNATIEF
RACE   KALKOEN
ADELAAR   ALGEMENE
ONDERZOEKEN   BEZOEK

Puzzle 63

```
D C G C L U K N R K I C V V B
V Y B J I R E D L E S Y R O P
K C Z T R G O B C H V I M O B
U G Y X N S Z I I N É V I R P
F P D A I T R N C U L C X S E
N W H N G R E N G J R Z T P V
A F N F H J V E E R B T L E A
A E D R U I F N W A K U Z L C
T S X C E Y S I L A V E G L U
S N E M E N L E E D R T M E E
R V Y M M A A Z N E E M Q N R
E Q X P O O N K S W U W T E E
V Z U C O A B R N B A D R E N
L L D D B I M P O R T E R E N
```

EVACUEREN
GEVAL
AFHANGEN
BOOM
EENZAAM
VOORSPELLEN
SNELWEG
VERZOEK
BAD
KNOOP

HEK
BINNEN
PRIVÉ
DRUIF
VERSTAAN
WARMTE
IMPORTEREN
TENNIS
SELDERIJ
DEELNEMEN

Puzzle 64

```
M  S  T  U  D  I  E  D  L  L  X  W  P  N  A
T  O  W  P  X  V  I  O  R  O  E  A  A  L  A
W  V  N  E  S  T  E  I  F  P  U  B  K  M  N
A  E  R  T  H  C  U  L  K  E  Z  R  R  I  T
T  R  K  E  A  M  A  A  N  N  O  D  Y  T  R
O  H  Z  H  G  G  Y  K  M  P  U  W  Y  E
A  O  K  C  Y  L  E  D  O  E  L  Q  X  Q  K
P  G  L  S  Ï  A  M  N  G  A  Q  U  N  X  K
Y  I  W  I  L  M  N  N  E  T  O  G  E  G  E
B  N  T  T  X  O  E  A  R  M  X  U  B  B  L
I  G  M  C  P  E  R  Q  S  J  M  H  O  S  I
G  R  M  R  G  Y  E  O  N  M  N  O  J  M  J
G  E  V  A  A  R  L  I  J  K  E  E  R  T  K
G  R  O  E  N  C  A  K  E  B  L  F  Q  G  E
```

GEGOTEN	STUDIE
MAAN	AANTREKKELIJKE
MAÏS	CAKE
LOPEN	LEREN
DOEL	LUCHT
GEVAARLIJKE	GROMMEN
ARCTISCHE	WAT
MONTAGE	GROEN
VERHOGING	HOEF
GEEN	FIETSEN

Puzzle 65

```
F F L N S R N H N I F T M T K
V L V E E P E L I S Q I H S R
M C W V I Y R T G U P C I P U
J G J E T F E I S K O O K I I
U I E G C Z C O N V E Q Q E S
V C O E E M I O T G T I V G B
N K O G S U F U C K E O B E E
O I K T Q T I M D G P N Y L S
Y S D I E H L E E V E O H K V
P T Y U E C A R U S T Z A S Q
P J M Q V S W U E E N S O V P
U E B V T I K G A Z O N N C T
P O L I T I E A G E N T G V O
C O N C U R R E N T I E H R U
```

SPIEGEL	UITGEGEVEN
SNEEUW	KISTJE
OOIT	KWALIFICEREN
SPRINGEN	RUST
PUPPY	SECTIE
BOEK	VIJVER
POLITIEAGENT	CONCURRENTIE
KRUISBES	VOS
KOOK	VOCHT
GAZON	HOEVEELHEID

Puzzle 66

```
Z G E W O O N T E C N P G Z G
I E K J I L N E G I E N E E B
J L I H V R V E R R G D L E T
D L E I H B E N K K A I E N T
E E U X W R R P Q E J K E S S
A N A A G O D P T L L L A Q N
C D Z Q L C I V R X L I W F E
H E R A E C E X L A S B G Z E
T L M O K O N U V U T D N C U
I S A K N L E N O O Z W A P W
G D C U I I N H X X Z F U S B
I E V M W T T H Y C P Z G N A
X L A V R N E R O B E G L G L
J Q D N E G L O V N E E P O P
```

GEWOONTE
ZIJDEACHTIG
BEEN
ZOON
WINKEL
OPEENVOLGEND
GAAN
BROCCOLI
GELE
EIGENLIJK

JAGEN
CIRKEL
GEBOREN
SNEEUWBAL
VERDIENEN
VALLEN
ENTHOUSIAST
HIELD
ELLENDE
SMAL

Puzzle 67

```
M I N D E R J A R I G E X W U
H H R E D N O Z E B N X C L H
E X G O P O L I T I E K U A W
J N N H G E L D O Q V N R A E
W Y T W K E I N H C E T S M J
L D R N M B I E V W G T U E R
K A O W I I U T T P O T S E G
F R D W L J F E A U T G H W O
F B K E I Z H K Y M C B J T L
R E R R E O B V E Z R K D Q R
R F B L U N F W H M S O H X O
T I J D R D L Q H T J P F T O
U J Z F W E I T I D U A A N P
G G T O D R E P P I L F N E I
```

TECHNIEK   LADE
GEVEN   MINDERJARIGE
ZONDER   CURSUS
MILIEU   GESTOPT
BOER   HART
OORLOG   AUDITIE
GELD   FLIPPER
KETEN   HOED
BIJZONDER   INFORMATIE
POLITIEK   TWEEMAAL

Puzzle 68

```
R S V V G O R D I J N E N V R
V G M I E S L Y R L N K V O E
S R S O H R E D N I M J L L P
P X R Z T F B T A E Q I A D A
I L I W G F R I J R T L K O R
H Q A H O T E L N U N E T E E
C B A S E C O R P D Ë G E N R
E I T A T S E R P E I G S D E
S B I D P I D C R C D N F E N
C P V G X Y C E E O E A G J S
O L F Y V H E K O R R L C M Y
R V F A H W Q I U P G E W Q J
E V R I E N D E N F N B O C L
V O O R U I T F S C I E M H V
```

VOORUIT
SCORE
PROCEDURE
VOLDOENDE
BELANG
GORDIJNEN
PRESTATIE
GELIJKE
INGREDIËNT
VRIENDEN

WEER
HOTEL
WIL
VERBINDING
MINDER
PLASTIC
VLAKTES
REPAREREN
CHIPS
PROCES

Puzzle 69

```
B G U G F V G C T P X D E D R
E E K E L K E C F P Q I Y A E
D M O S X Q L K O G T P V C C
A I F C K R O K Y I D O M H H
N D F H B Q O P B K I P D T T
K D E E N Y F M W I N S T W E
E E R N V F A A R G A R A P R
N L B K V O O R U I T G A N G
A D A E V N A A G R E V L V J
K E K N E A T O U H C Y Q Z R
R Z M R A M E R I K A A N S E
C Y A B O T E R K Z Y D G U M
E T M K B E Z O R G D H E I D
S F P V E R Z E K E R E N O B
```

STAREN
BOTER
VERZEKEREN
WINST
GEMIDDELDE
VOORUITGANG
GELOOF
DOM
KOFFERBAK
VERGAAN

KIP
KOP
BEZORGDHEID
PARAGRAAF
RECHTER
DACHT
AMERIKAANSE
GESCHENKEN
BEDANKEN
AMBITIE

Puzzle 70

```
B U F Z Y K T D T N I A D L F
E I F A U O E R O T C A F O U
S T Y R B O E E L E K N A W P
T D K F S R N U I O T A D A Q
U A K Y E T I N P N S U O K V
U G N X X S V C T A A M I L K
R I B N F B L K A Q K F B Z Y
D N O L A W O S U G N O S H S
E G H W J S Z O P A E P A T O
R A M M G H N J T D K B O N F
O N M T A A T L U S E R B E M
E K B M S D R E E L O S Ï E G
B E K E K E N G V Q B F O F D
M I N D E R H E I D M M U P Q
```

FABRICAGE
MINDERHEID
BOEKENKAST
KLIMAAT
TAPE
BOOT
TEEN
FACTOR
RESULTAAT
GEÏSOLEERD

KOUS
BESTUURDER
KRUK
BEKEKEN
DREUN
HAD
WANKELE
PIL
STROOK
UITDAGING

Puzzle 71

```
N I E U W S G I E R I G S U B
E W M T L S T E V I G M Z G N
W S C H I L D E R E N I T J E
U V E R B R A N D Z Q A V B R
O H N D Y Q T I N S H V E E E
V T T C E J O R P A C I T J T
A S S O R T I M E N T U Y T C
P A T R U A Z A O T O F S L E
T R S T T H J L S L Z E C E T
A R S V C C Y E F G O X W E E
K E R J I S G V T W E H N D D
W V O Z P B E Q U G G L K J X
J W Z H P E E W A L V I S W Q
Y J E I M A Y I P S B D W P J
```

ASSORTIMENT   WEST
FOTO   LAM
SCHAT   PROJECT
DETECTEREN   WALVIS
LOUTER   VOUWEN
VERBRAND   SCHILDEREN
STEVIG   NIEUWSGIERIG
PICTURE   DEELTJE
ROZE   WOEST
VERRAST   SOEP

Puzzle 72

```
V L G P Q S D W L A V F A T W
N E D D U H C S M U O O P E E
K P R U E K R O O V O V E R E
G P E T I E O S T F R E N U K
S A G G R X Y K J Z B R N G E
E D I E I O C L R D E W E S N
R R E R A K U K Q I R E N P D
V A R E T J X W M C E G K O P
I A W C N S R R E Z I E O E A
C U S H E W O C P N D N K L R
E Q U T M V J G D J E Z E E T
V O L L E D I G O I N J R N N
Q S Z O L S S J Y Z X N I S E
G D K J E P R A K T I S C H R
```

AFVAL
ELEMENTAIR
PARTNER
ZIJN
SCHUDDEN
WEEKEND
PRAKTISCH
VORM
PENNENKOKER
AARDAPPEL

VOORKEUR
VERTROUWEN
VOLLEDIG
GEK
TERUGSPOELEN
SERVICE
VOORBEREIDEN
REIGER
GERECHT
OVERWEGEN

Puzzle 73

```
T X D N D R O O W T N A U V W
D I O X N I G N I N O K K E A
F E I T A E R C E R G U S R A
N Q K B M Z L E T H H Y R V R
S T U D I E S O C U F E U O S
K G G E B E L D K T S K D L C
A E R A B W U O R T E B S G H
P G S P U L K S A A X U R E U
I E N U T G L U N G H B R N W
T V Y E U J R E V L I Z E S I
A E X R K A Z X Z K J I M B N
A N A A N A B U I J I A A T G
L S Y T J U R I D I S C H E K
O V E R L E V E N E Z O U V W
```

WAARSCHUWING
STUDIES
RECREATIEF
GEBELD
DIRECTEUR
ANTWOORD
HAMER
GEGEVENS
ZILVER
JURIDISCHE

BETROUWBARE
OVERLEVEN
KONINGIN
NEK
TEL
RESTAURANT
BANAAN
KAPITAAL
VERVOLGENS
SPUL

Puzzle 74

```
V M U Z I K A A L O H G J H E
F E N E O T A K L U T B W I T
T S R U V I E W R A K T Q Y S
I A E E Q W U O S K R F Q A G
A F D M I E T S T A A L G H I
T Z O M M S J U I S T E N Q K
J F M O T R T N M E Y W R S K
L K D R V E R K I E Z I N G U
Q Q D K U V R R T U P V R B L
O L T M U S B R I L J A N T E
D I H G E K T K F V S T E R G
E S W V S Z E I R O G E T A C
D I C H T B I J G N A R U G W
H E R V O R M I N G J Q E B H
```

STER
MUZIKAAL
RANG
GELUKKIGSTE
JUISTE
KATOEN
VERSE
ROTS
LAATSTE
KROMME

MODERN
DICHTBIJ
KARWEI
HERVORMING
CATEGORIE
VEREIST
FASE
BRILJANTE
VERKIEZING
RUSTIG

Puzzle 75

```
L E E D W P W C R W T I V D T
E J J X Q U B A T A S N O W W
K K R X O V G D A R C T L Y E
F G A B J H C K W U K R W H E
L N E N L E S D E O V O A H D
E G I O T U G V I D B D S B E
S A F J M O U B H V E U S R H
S C F T S M O K E O T C E O S
E J O H S F Z R I Y X E N N X
N O K C O L I F A N T R L J N
N T J I P A T H Z U C E T B V
P B L Z A H I T U F U N W A R
K E A E A E D R A A G B A A R
L S H G A F S C H E I D E I R
```

KOFFIE
GEBOUW
OLIFANT
BRON
GEZICHT
TWEEDE
TAPIJT
BAT
VOEDSEL
KANTOOR

FLESSEN
LEK
NOOTMUSKAAT
VOLWASSEN
DRAAGBAAR
HALF
TOEKOMST
AFSCHEID
INTRODUCEREN
DEEL

Puzzle 76

```
B  S  C  È  N  E  Y  B  D  K  M  D  X  C  Y
E  D  O  H  T  E  M  C  O  F  I  U  I  W  V
N  T  C  N  I  P  X  M  K  V  X  S  D  H  O
E  T  D  O  D  R  U  U  T  S  E  G  U  D  O
D  B  W  L  A  A  H  R  E  V  U  I  E  M  R
E  F  U  T  L  C  H  E  R  G  I  F  D  F  K
N  D  L  Z  S  S  H  S  Q  O  I  C  X  B  O
A  R  V  Y  N  C  N  X  U  N  I  Q  I  S  M
A  I  G  J  E  W  G  D  I  U  S  O  O  N  E
E  E  C  L  M  I  C  Ë  H  S  U  G  K  E  N
C  H  S  L  P  C  R  G  T  O  R  D  V  G  Z
O  O  J  K  N  E  R  E  L  K  S  X  Z  L  Z
N  E  Y  C  N  J  I  H  C  S  E  N  N  O  Z
U  K  J  E  G  N  I  T  A  L  J  I  R  V  W
```

COACH
SCÈNE
MENS
DRIEHOEK
GESTUURD
ZONNESCHIJN
NIETS
BENEDEN
METHODE
DOKTER

HEG
MIX
OCEAAN
VOLGENS
KLEREN
DEFINIËREN
VOORKOMEN
SLA
VRIJLATING
VERHAAL

Puzzle 77

```
G U R D L E K K I W E G N I T
Q R W P E N C O K K L M G V E
B E O L M W O S U K M F D S N
D D N E L A H R E H U T J W T
K N G E I M S O R F J F W J O
O A U I L E A J B S U L I J O
L G F T B H U W L E N P J W N
O L T N E C B U L I G C N T G
N M T E A S Q A E R H A J I E
I Q I S A F C D N E W M J U S
S B C S C Z D Z C T Y A S L T
T G E E C R A S H S I M K S E
E K M J D Y Y H H Y S E Z E L
N T K J I L E G O M P D K B D
```

MOGELIJK
MYSTERIES
KOLONISTEN
DRUG
ESSENTIEEL
INGEWIKKELD
BREUK
BESLUIT
CRASH
HERHALEN

SHOCK
WAKE
TENTOONGESTELD
WIJN
SOK
ANTIEK
DAUW
GROEI
SCHEMA
GANDER

Puzzle 78

```
D T A A C I L E D A N Q C J D
J N E R E O V T I U X N I B P
P T U R I J Q P J K P B T I J
R F W B M C R D Z L D G R N I
J N E R E T E B R E V R O N H
P E C H D S K Y S T G O E E O
R E I S P E E R V K J O N N B
U R A P Q T Z L O X C T T V T
J I A U H A V O O R B I J A V
K L N K G F L E Z L L G M L R
S C H O O L T A S Y E F F L E
C M W K R W A U V N P W V E E
U H L J V J A W L X E F V N M
I Y V Y Q S L J V D L O D P D
```

VREEMD
BEER
VERBETEREN
SCHOOLTAS
TERM
KOOL
DELICAAT
REIS
PEER
NAAI

LEPEL
UITVOEREN
LAAT
VOORBIJ
BINNENVALLEN
ZEKER
CITROEN
LYNX
GROOT
ZELF

Puzzle 79

```
R E G I O X T N E L L E T D X
Y M J M G I R E P A L S N E K
V F B U N D U D L N J A U T Z
Z H H E R H V N V E G G P A O
Z I N Q P P J I O D S M J I N
E S E O B A R V D I X C L L D
U C L K M S J T K E V Q O T A
G H E L E L T I S R M Q V O G
E O D R G N A U A B O R E A P
M U N B R Z H A V T O M D T A
B D A X A H S U G I R Q F L A
E E H C C F J M I U M H E W A
R R E M E Z E L F S E M I N X
X D B A F L E I D E N S L W G
```

SCHOUDER
ZONDAG
LIEFDEVOL
AAP
SLAPERIG
ZIEKENHUIS
GAS
BEHANDELEN
TELESCOOP
MOT

DETAIL
UITBREIDEN
AFLEIDEN
PUNT
OMLAAG
MEZELF
GEMBER
UITVINDEN
TELLEN
REGIO

Puzzle 80

```
U T S N Y N S F Q K D L G V Y
N A T I E Q T B L N Z I C B E
A R J Y F A I H X E R E G A L
N E S T A A L P R E V K E I A
O R D W Y V T X G A F N F N T
R Q I P N E E N N H I W V C N
P W P J E O O E M Z A E X H E
A A L D J H T L N I Y R F E M
T H O T I J D E E M A P D S U
I Z M Z U E B B T K H T K E K
Ë L A D F K I E N K L A N T F
N Z W E E D L I A O Z L E E G
T N U T T I G W W V B M Z Y S
V E R V U L D H U W E L I J K
```

PATIËNT   STILTE
INCHES   LEEG
TIJD   VERVULD
HARDE   BENZINE
KLANT   HUWELIJK
DIPLOMA   MENTALE
WIEBELEN   ZWEED
WANTEN   HONGERIG
NUTTIG   NATIE
LAGER   VERPLAATSEN

Puzzle 81

```
B A A I T M A L S N H N V V V
E Z H D U T Q D E Y F E E E E
V J C S I T J N J E F I R R R
D W S B N I E G D E B G L J G
Y H I R T L F P O L K I I A E
U V D F R V U T O M S N E A V
L U E J T A K Y R R O G S R E
Z E M A S K E R B L K B H D N
L B E D R E I G I N G C D A D
D I N S D A G E S Y S M D G Y
T O O N D E H H Z N Z F M T J
X Y O N D E R H A N D E L E N
C K C R O O D B O R S T J E S
L E E G G E M A A K T W Z I Z
```

BAAI   DINSDAG
ONDERHANDELEN   ROODBORSTJES
LEEFTIJD   NEIGING
VERGEVEN   BROODJES
VERJAARDAG   KATJE
KLOP   LEEGGEMAAKT
BEDREIGING   MASKER
MEDISCH   ZELFS
LENEN   TOONDE
TUIN   VERLIES

Puzzle 82

```
K R G O H P I L N L I A A D P
H X H Q O O M N Z R Q I O P R
N O B E L L E N H N S L A P I
I P D O Q A Q E G E E L S B V
S J K M U G A D S K E D S I I
R C V E R L E N G E N M C O L
P F H Z O N N E B R I L S L E
G I I R K W O Z A B F F Y O G
S V B R I C G I K K U L E G E
V V E N W J A U L X N Q Q I X
G K U L G N V D X Q L A Y E L
A A N D E E L E T S G O O H C
S S T P Y K P A R T E L E K S
G E N E E S K U N D E S O N J
```

NOBEL
INHEEMS
AANDEEL
KERK
GALOP
BREKEN
SCHRIJVER
PRIVILEGE
ZONNEBRIL
SKELET

BIOLOGIE
TRAP
HOOGSTE
LIP
MOE
GELUKKIG
DUIZENDEN
VERLENGEN
SLEE
GENEESKUNDE

Puzzle 83

```
P E N S E E L J I M E O H G S
U O I C H C S I P O R T Q P V
N A T U U R L I J K G M Q F N
E P H S E U A R K A E R A A F
W A D C H U E A G M R Y D J B
U P I H C T D P O R E Y Y B H
O X E E S L D P K I N T E C Q
R J H U I U T O I E T W T N B
T V D R M C E R B Q E A P O Z
V X N Y O D M T Z G B Z E Y K
X E O D N E L L I P T I S C H
C P Z I O K E N N E N T A W T
Y F E H C S G S P E L L I N G
K C G B E S L A A A N P A K S
```

TROPISCH   BEWEGING
AANPAK   PENSEEL
NATUURLIJK   SPELLING
CULTUUR   ELLIPTISCH
MIJL   EINDE
ERGEREN   TROUWEN
RAAF   BATCH
RAPPORT   ECONOMISCHE
PAPA   DEAL
GEZONDHEID   SCHEUR

Puzzle 84

```
B N C W R T C E V Y J C B L E
G I R A F R X E L P M O C T I
U O F T I A Y N J F N E M O K
I D M S R T W H M V S I N F D
T I I U L S R E P Y Q T E H S
N S X E A I I I Y N O N N X C
O T S N A G E D M E T E J P J
D F I M M L I M P R G R I V W
I F J W D E I L D O K E L A T
G F U D N E K A M H E F T N U
E X A E O L G R X E N N H G U
N K M M V D E J T B N O C S K
S O A B A V D V X Z I C I T L
B F Z G I M C O S T S J R O Y
```

VERMOGEN   NEUS
CRISIS   VANGST
BOMEN   LUI
RICHTLIJNEN   LIED
BEHOREN   MAKEN
EENHEID   START
COMPLEX   KENNIS
UITNODIGEN   CONFERENTIE
PERS   GIRAF
AVONDMAAL   KOMEN

Puzzle 85

```
G B F B D D U N E F F A L B S
I J U U R O C R R E T H C E N
G H Y I A O K B W L D I C E A
A O R T M R Z K T I H K K V K
N U C E A L O U U C X K L M V
T D M N T O A N Q N E Z F A G
I J O L I P C T T R S N L N X
S N N A S E A U T S Y T B I C
C I T N C N C G G E T X H E T
H C E D H D U Y D N K A Q R A
E D U S E R O D N O C Q A N Y
L S R E E D I E O R G M J N H
B H P T R E G U L E R I N G R
V E R P L A A T S I N G N A G
```

MANIER	REGULERING
KANS	GIGANTISCHE
BLAFFEN	ERWT
DOORLOPEND	CACAO
TERUGTREKKEN	KUNST
ECHTER	OUD
ONTSTAAN	MONTEUR
DRAMATISCHE	VERPLAATSING
BUITENLANDSE	CONDOR
GAF	GROEIDE

Puzzle 86

```
Y Q M Z C B A L Y V R N M S U
C V I D O U E D O U Y B A H I
W H N L M L L S U W A Z R I T
G O S R M E K G C L S Y K R K
E O T U E T I M L H D R T T O
W F E U N F D O L C I U G F M
O D G T T A N E N N J K B X S
O S R A A N E T S N U K K V T
N T K N A D E B D L U R K E G
E U M O R S C H O E N R B G N
S K I D E N T I F I C E R E N
S V E R W O N D E R E N W Y W
I M M R R A L W T Y A H I G K
V L H O Y N C B K M J O Q J L
```

UITKOMST
MINSTE
HOOFDSTUK
MOET
BALLON
FIGUUR
GEKRULD
VISSEN
IDENTIFICEREN
SHIRT

GEWOON
DIK
SCHOEN
NATUUR
BESCHIKKEN
COMMENTAAR
MARKT
KUNSTENAAR
BEDANKT
VERWONDEREN

Puzzle 87

```
W  A  N  H  O  P  I  G  E  H  C  B  E  Q  G
P  T  J  U  I  K  O  R  G  U  O  L  B  Z  E
R  W  T  N  E  D  I  C  N  I  U  U  S  C  S
E  T  R  A  S  A  K  B  G  S  P  E  U  D  C
A  S  E  V  L  M  C  U  K  D  E  H  Z  Y  H
U  E  P  U  I  O  N  S  X  I  V  F  V  L  I
M  T  P  C  O  I  Q  J  K  E  I  Z  U  M  E
H  O  J  D  X  R  U  E  R  R  E  T  E  M  D
P  R  L  E  A  F  E  N  I  E  L  K  K  V  E
L  E  E  T  N  E  M  A  D  N  U  F  C  Q  N
Y  G  G  D  U  O  K  A  W  V  E  Y  Y  O  I
K  E  A  E  H  D  W  D  F  L  S  P  H  J  S
X  L  N  E  N  E  L  E  D  N  A  H  O  V  F
B  U  A  D  B  T  H  G  L  A  F  A  A  R  D
```

WANHOPIG	HANDELEN
GESCHIEDENIS	TERREUR
FUNDAMENTEEL	HUISDIEREN
OPEN	HUN
BLAD	OMA
INCIDENT	MUZIEK
KLEINE	NAGEL
COUPE	BUSJE
POPULAIRE	GEDAAN
LEGER	LAFAARD

Puzzle 88

```
P E D P W J F T Z Z V H G E D
R L F P E O Y S Y X X F V U O
G E K C R P S O N A V Q J W D
E I G H E H E O K A A R D Y K
N G Q E D B C R M N E L E T S
T E E K N L J T P D T O Y V G
L T Q R O A Y Q I A M S B R Q
E A S E Z T C T J C I O L K H
M R N T J N J H P H U T Z A D
A T Y S I A X F T T R R A N O
N S G N B A M M S I N U P A H
N E U S H O O R N W G I T R D
V E R S C H I J N I N G L I T
Z W A A R T E K R A C H T E Z
```

KANARIE
TROOST
AANTAL
STRATEGIE
STELEN
STERKE
RUIMTE
GENTLEMAN
AANDACHT
TRUI

DRAAK
VERSCHIJNING
TYPE
ZWAARTEKRACHT
RUG
VAN
NEUSHOORN
PEPER
REGENACHTIG
BIJZONDERE

Puzzle 89

```
C A Z T K O O I N H U X Q K G
I L E T O H Q E E O O Z J D R
T R E G X X T P E E T I W P O
F N W P T E O Y T K L H K I E
B E T G L B K U S R H Q I X N
Q O O S X Q Y L E G R O E P T
K L R J H T W D D A A R O H E
H E R I O G N K O A J R B O I
V M S B A O L N N R B U O O E
F R W C Z L I D K V Y E A G G
A E M F V F R E E I G T E T K
K T A T I E T I R O T U A E R
N A A Y K V O B E P A A L D E
W W N P E T E R S E L I E G G
```

GROENTE
AFZONDERLIJK
FRET
VRAAG
KOOI
NAAM
HOOGTE
TWEE
VERSLETEN
PETERSELIE

BEPAALDE
IJS
WATERMELOEN
LID
AUTEUR
STEEN
DONKER
AUTORITEIT
GROEP
HOEK

Puzzle 90

```
F N D M S J W S G W A A R D E
L C H W T M O K R A V N U D R
L A B T E O V Z A C R L U H K
O A O M B C W Q F T O H M I H
O J C M S M S U I E U F U U E
P U A H S N S E E U W R A X R
E R H O W I B R K R B X N V I
F S A X G E F S E E N R A W N
E V I D O T K F G U U F L E N
Q B F I M N A K E U Z T Y T E
U E T N U O E A E Y H L S E R
L H A Q S F C Q W N J A E N T
V E R W A C H T E N D I Y I N
A R T I K E L S E I C E R P T
```

FRAMBOOS   WETEN
GEBRUIK   POOL
FONTEIN   VOETBAL
VERWACHTEN   KAN
GRAFIEK   PRECIES
ARTIKEL   PIN
VROUW   WAARDE
KOMT   LACHWEKKENDE
MUUR   ACTEUR
ANALYSE   HERINNERT

Puzzle 91

```
U  S  B  Q  S  M  Y  S  W  N  U  K  R  I  S
O  N  D  E  R  Z  O  E  K  G  D  L  T  P  G
H  D  N  V  H  J  C  C  E  Z  N  A  X  Q  U
E  L  A  E  J  T  A  S  P  D  V  W  M  R  J
E  H  R  T  J  O  P  D  O  D  I  U  H  S  F
R  L  J  I  W  R  E  T  N  D  J  W  R  L  G
L  M  I  Z  O  T  R  A  A  K  N  T  Y  B  C
I  C  C  N  O  Q  H  Z  A  T  E  R  D  A  G
J  B  G  P  T  R  A  G  I  S  C  H  Y  I  D
K  E  S  V  R  I  E  N  D  E  L  I  J  K  Z
N  E  G  N  I  D  P  D  P  T  E  Z  E  E  P
G  D  V  E  R  D  R  A  G  N  T  S  P  I  N
O  I  A  A  G  E  P  A  P  Z  S  N  Z  L  V
N  A  U  W  K  E  U  R  I  G  H  E  I  D  R
```

STEL
HUID
PAPEGAAI
IDEE
RAND
HANDVAT
NAUWKEURIGHEID
DINGEN
KAART
VERDRAG

VRIENDELIJK
ZATERDAG
GESPOT
ONDERZOEK
TERWIJL
TRAGISCH
SPIN
GESPRONGEN
ZEEP
HEERLIJK

Puzzle 92

```
T T S L A C H T O F F E R K C
H B E K W A A M E T A Y U W Q
E J I R H O P M Q Y S K E F
R F T E X O Y X W Y O E R E L
M I S P O N E V I U R D Q K E
O M E A E H R S P O D A O I
M A W R G D Q U S E T O O L S
E A K A L J N E S E L V I K S
T G D T D I G T K L K X G X I
E E P I P W O A K D O C Q V M
R E J E U N R Y T C V T R Y M
O C K M K S U C C E S L C F O
P E R S O N E E L N I P D T C
W E T E N S C H A P P E R Y J
```

MAAG
RAKET
KWESTIE
SUCCES
KLOK
THERMOMETER
SLACHTOFFER
SLOOT
WETENSCHAPPER
KWEEK

BEKWAAM
PERSONEEL
GESPREK
REPARATIE
DRUIVEN
RIJ
WIJDEN
COMMISSIE
SLOT
HOOP

Puzzle 93

```
R S B C T N O D I G J K G L C
Z C E V R J S W E G E N O P M
V H G J E F H G T H S E A K U
A A E I K P W E A F B G M I D
F T L B W J R N L P P O K M K
S T E I O A C P J N C A R D O
I I I E L E K N E C Q Q R O J
R N D X V G R G F O R M E E L
I G E V P H N D G R O Z E B F
S F N M H A Y Z E B E R G E N
N K J I L E K K U R D T I U U
R R H R E D R E E O I A T Y T
G R E T U P M O C T D J N Y Y
G V M O E U P U B L I E K U H
```

BEGELEIDEN
OGEN
ENKELE
NODIG
BERGEN
IETS
UITDRUKKELIJK
WEGEN
PUBLIEK
TREK

IRIS
BEZORGD
VERLANGEN
LATE
EERDER
COMPUTER
SCHATTING
FORMEEL
UUR
BOERDERIJ

Puzzle 94

```
O  L  E  E  H  E  G  X  B  J  I  T  D  T  J
B  U  Q  P  Z  W  K  R  H  R  S  X  Q  D  T
N  X  V  E  R  H  O  G  E  N  O  I  Y  S  N
N  E  T  H  C  A  W  N  O  I  K  O  O  A  E
N  D  T  U  P  N  I  R  O  N  Q  P  D  J  M
X  N  I  E  K  E  N  M  E  R  K  A  O  I  I
I  O  E  W  G  K  T  M  I  O  G  H  P  N  R
O  R  F  F  N  R  Z  B  C  F  F  C  S  T  E
A  J  M  Z  V  E  E  Y  O  G  N  S  L  E  P
A  L  H  Q  J  W  V  V  W  A  I  N  U  R  X
R  P  C  U  N  E  Z  S  B  Q  A  E  I  R  E
D  Q  F  Z  D  B  R  B  O  X  U  T  T  U  Z
E  M  I  C  B  B  R  T  Y  P  J  E  E  P  J
B  E  S  C  H  R  I  J  V  E  N  W  N  T  X
```

BESCHRIJVEN	RONDE
EXPERIMENT	POST
COWBOY	JAS
VERGETEN	VERHOGEN
INTERRUPT	KENMERK
INPUT	AARDE
BEWERKEN	OPSLUITEN
BROOD	LUXE
GEHEEL	FEIT
WETENSCHAP	WACHTEN

Puzzle 95

```
L  L  Z  Y  Y  R  A  F  N  S  D  C  E  P  G
O  A  D  X  E  D  K  U  N  I  R  S  U  O  E
V  O  M  M  G  I  R  A  L  G  O  G  H  E  M
E  D  A  P  I  S  G  M  P  N  O  C  D  G  I
R  K  K  A  D  C  E  Y  W  I  M  D  X  I  O
D  A  W  K  I  U  S  Q  H  F  Z  I  F  E  K
R  A  A  I  U  S  C  K  E  I  T  E  L  T  A
A  T  R  T  H  S  H  I  R  C  L  H  A  A  P
C  O  T  T  G  I  I  V  Z  A  X  S  A  X  K
H  Z  E  E  E  E  K  A  R  N  U  J  T  L  W
T  S  L  N  N  R  T  H  B  T  L  I  A  A  U
H  O  O  G  T  E  P  U  N  T  W  W  F  M  Q
V  V  E  R  W  I  J  D  E  R  E  N  L  Z  N
H  B  G  C  W  B  P  L  E  Z  I  E  R  N  B
```

DISCUSSIE
KITTEN
KWARTEL
BIER
TAAK
PLEZIER
HAVIK
OVERDRACHT
HUIDIGE
WIJSHEID

LAMP
KAMER
SIGNIFICANT
VERWIJDEREN
DROOM
RUN
ATLETIEK
GESCHIKT
HOOGTEPUNT
FATAAL

Puzzle 96

```
R E D N A T S N E G E T B D G
A Y B K V Q M S E E V X I O B
P N E F G S Y J K L Y X Z R Q
K P D U N N P I J C E B O P L
N R I E Q B L R I V N G N P J
R I U D R B T P L U E O N P Q
E K L E R E C A K J R Q I E B
S K E O F G N R N M E R Q K B
O E G M J H O V I S T J Z I K
U L D R G N I D N A R B R E V
R B V A W G A U O Z O U L M D
C A S O K K E N K I S I F O K
E A R E C H T B A N K K X F N
W R W E D S T R I J D Z A N D
```

SOKKEN   BIZON
TEGENSTANDER   PRIJS
DORP   BENGELEN
BLIK   VEE
RESOURCE   ZOU
VERBRANDING   ZAND
ARMOEDE   PRIKKELBAAR
WEDSTRIJD   KONINKLIJKE
ANDEREN   SORTEREN
RECHTBANK   GELUID

Puzzle 97

```
E  S  R  V  B  Y  F  O  O  M  R  V  B  R  O
A  A  N  G  E  P  A  S  T  E  J  E  R  J  V
W  I  L  D  E  V  N  Q  D  T  C  I  X  E  E
L  A  S  S  O  E  Z  T  J  S  F  L  R  G  R
F  E  N  E  T  H  C  E  R  E  G  I  W  I  S
E  A  I  A  L  A  F  E  I  T  A  G  E  N  T
E  S  R  Z  A  A  G  E  T  Y  J  H  U  E  R
S  P  G  N  I  G  I  D  E  D  R  E  V  P  O
T  X  M  E  O  K  N  V  I  D  D  I  H  P  M
J  R  K  M  N  X  S  W  M  W  R  D  P  O  I
E  M  E  A  N  F  T  F  I  U  Z  H  C  T  N
S  W  L  S  R  B  A  S  L  D  F  Q  T  S  G
G  P  R  N  E  D  N  O  B  E  G  T  S  A  V
R  R  R  T  Y  F  T  K  P  G  V  I  E  R  D
```

VASTGEBONDEN	RIJM
GEDUWD	FEESTJES
STOPPEN	LIMIET
VERDEDIGING	GERECHTEN
VIER	LASSO
OVERSTROMING	VEILIGHEID
NEGATIEF	PRATEN
SAMEN	PLANK
WILDE	ZAAG
INSTANT	AANGEPASTE

Puzzle 98

```
P C O C Y Z F I W T X H R B D
I O R E O M Q K E Z U E K I I
F N G B Y F D L E W E G M O E
I C A L D N O V A N A V O S R
N E N E B I I Q S M Q O L C E
S N I G V N Z K Y K K K E O N
P T S I N E T N E K E B N O V
A R A S U B S T I T U U T P E
N A T G U N S T I G E H W E R
N A I G E V A A R L I J K F T
I T E G E W I C H T X F D C E
N Z C O M F O R T A B E L L L
G D E M O C R A T I S C H J D
I H I K Q F U P S D X G C M J
```

COMFORTABEL
MOLEN
DEMOCRATISCH
MOER
DIEREN
VIOLET
SUBSTITUUT
KEUZE
BEKENTENIS
GEWICHT

INSPANNING
ORGANISATIE
VERTELD
BENEN
BIOSCOOP
CONCENTRAAT
GUNSTIGE
GEWELD
GEVAARLIJK
VANAVOND

Puzzle 99

```
B E T O G E N W F O T J B H H
S U C C E S V O L L E D O W E
E G R O O T V A D E R E C O R
A A N K O M E N U K W E R V M
V L I E G T U I G E I R È R E
B A S K E T B A L R T B M A L
N E G N I R E V E L B N E C I
A R B E I D V T T R E X A H J
Z D W D C O S P E A H N B T N
B B R U Z Y W T O Y A A S W Q
P U Y O M C H B Z M L Y G A W
A E C H D F D W Z H V A N G A
I D N E S R A A P S E S C E A
K Q T B T H E R M I S C H N S
```

ARBEID   AANKOMEN
BETOGEN   TANTE
BEHOUDEN   BEHALVE
LEVERINGEN   GROOTVADER
ZOETE   MYSTERIE
SUCCESVOLLE   BASKETBAL
HOEWEL   PAARSE
CRÈME   THERMISCH
BREED   HERMELIJN
VLIEGTUIG   VRACHTWAGEN

Puzzle 100

```
T  I  O  W  L  S  K  A  O  O  N  Y  V  T  O
P  R  E  M  O  T  I  O  N  E  E  L  E  R  V
L  E  A  H  K  Z  L  N  E  Z  D  L  R  A  E
E  T  R  D  X  L  V  V  D  I  I  S  D  I  R
E  S  O  S  I  U  R  C  D  C  E  O  E  N  V
U  G  O  R  O  T  O  M  I  H  H  F  R  I  L
W  E  V  B  R  O  I  X  M  T  C  F  H  N  O
J  E  O  P  O  E  N  O  G  T  S  E  U  G  E
I  L  A  S  X  U  H  L  N  X  E  R  J  N  D
X  P  C  L  U  B  W  Z  I  E  B  T  K  U  I
T  R  C  U  H  V  E  E  V  J  E  E  O  H  G
N  E  T  I  U  B  B  C  N  F  K  L  X  Y  E
J  V  V  E  R  G  A  D  E  R  I  N  G  W  L
F  E  L  I  C  I  T  E  R  E  N  K  I  F  N
```

TRADITIONEEL	BUITEN
FELICITEREN	RUIS
PERSOONLIJK	OFFERTE
MOTOR	CLUB
TRAINING	VERPLEEGSTER
VOOR	OVERVLOEDIG
LEEUW	BOUWEN
MIDDEN	VERDER
BESCHEIDEN	VERGADERING
ZICHT	EMOTIONEEL

Puzzle 1

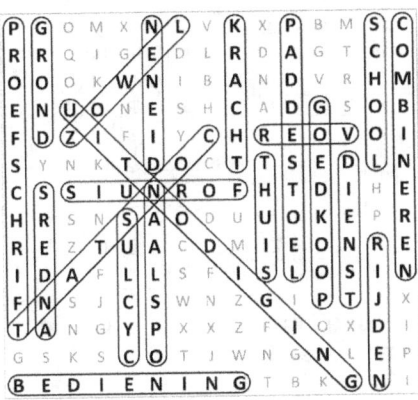

Puzzle 2

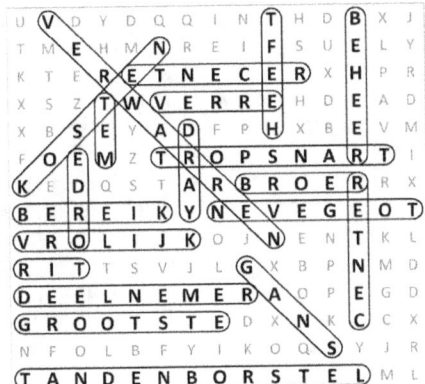

Puzzle 3

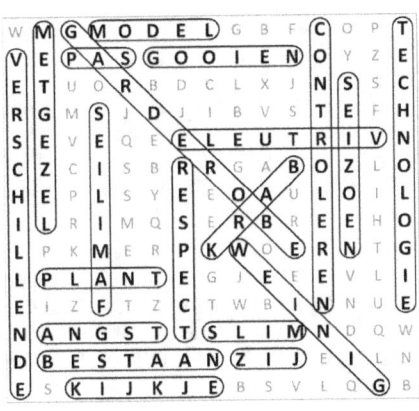

Puzzle 4

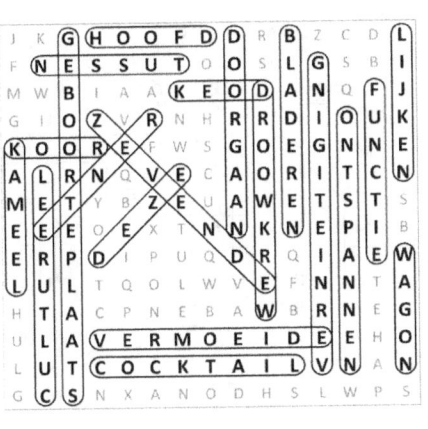

Puzzle 5

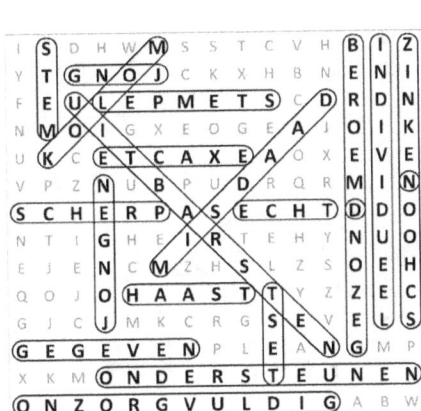

Puzzle 6

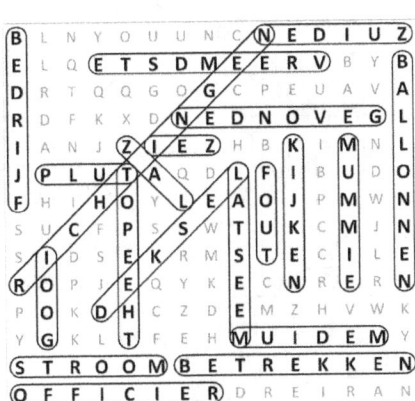

Puzzle 7

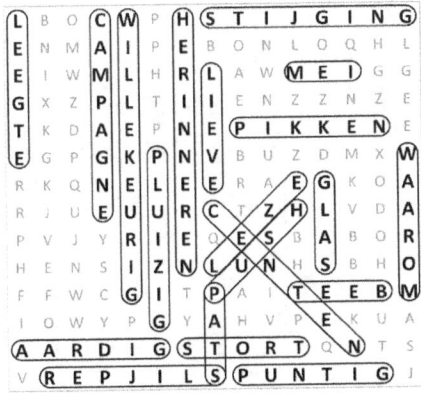

Puzzle 8

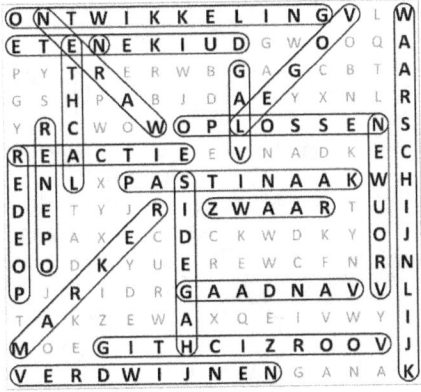

Puzzle 9

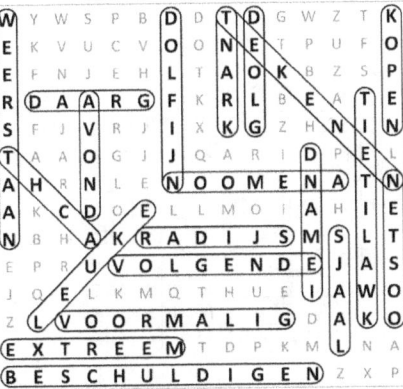

Puzzle 10

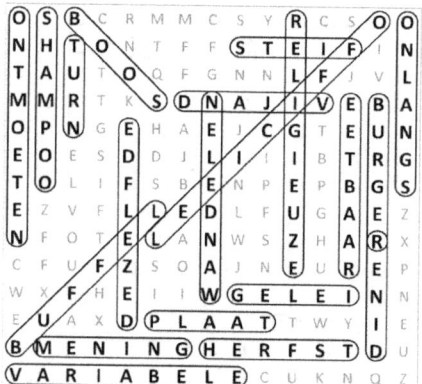

Puzzle 11

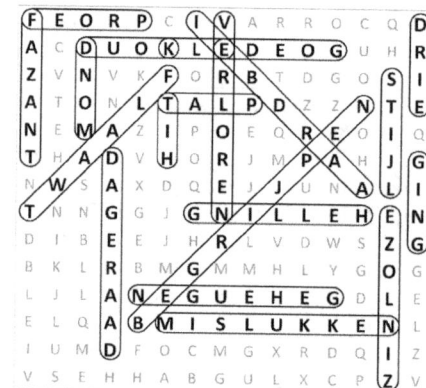

Puzzle 12

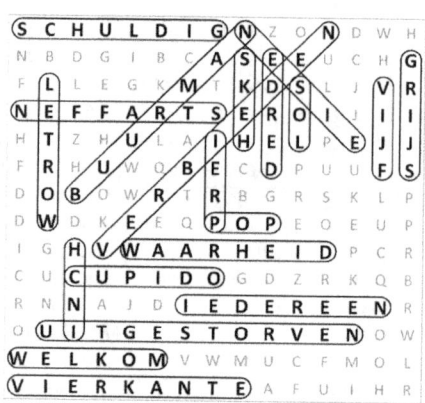

Puzzle 13

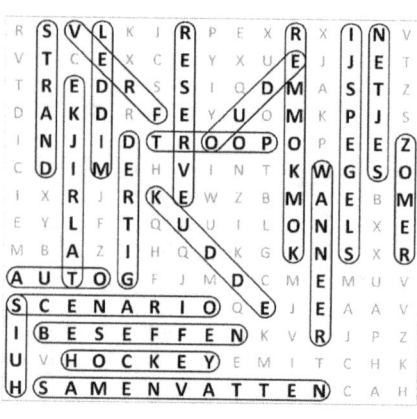

Puzzle 14

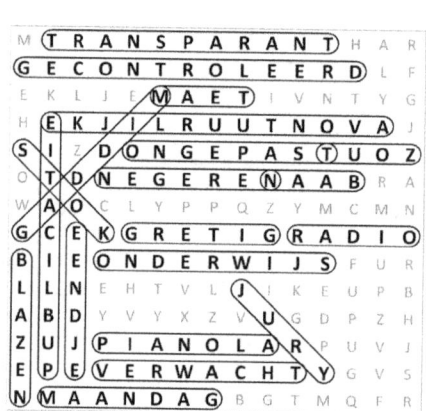

Puzzle 15

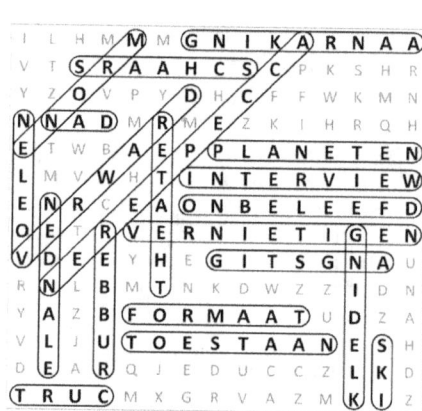

Puzzle 16

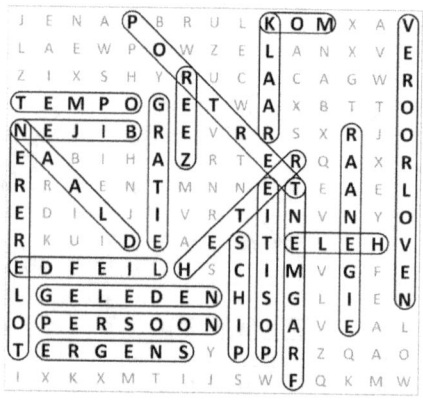

Puzzle 17

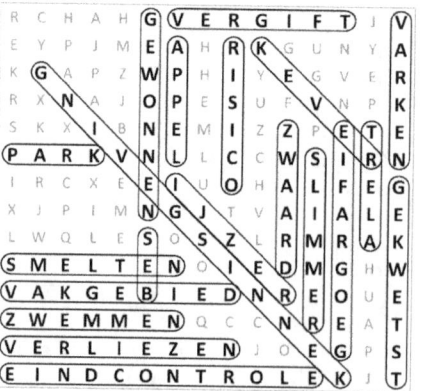

Puzzle 18

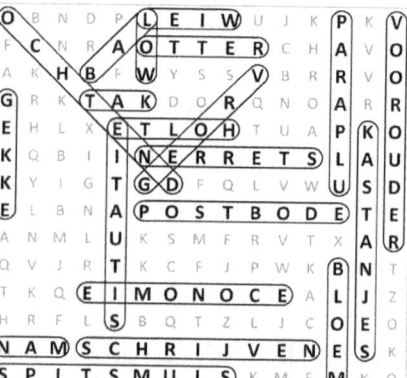

Puzzle 19

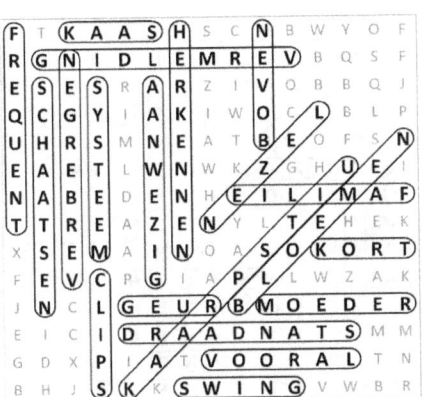

Puzzle 20

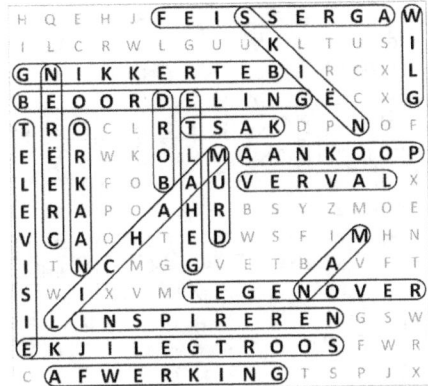

Puzzle 21

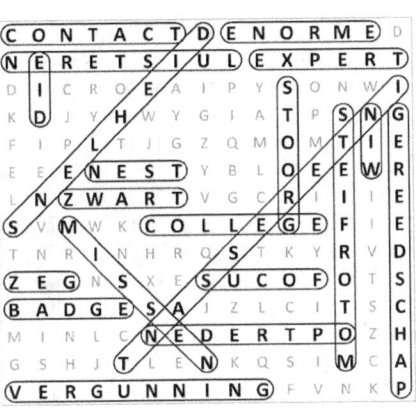

Puzzle 22

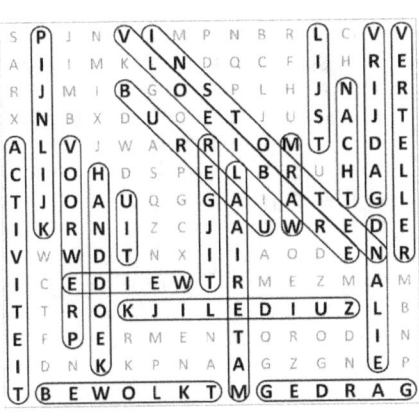

Puzzle 23

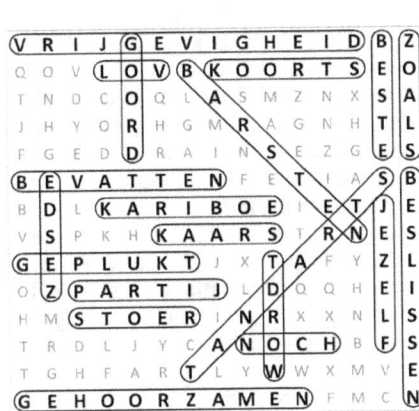

Puzzle 24

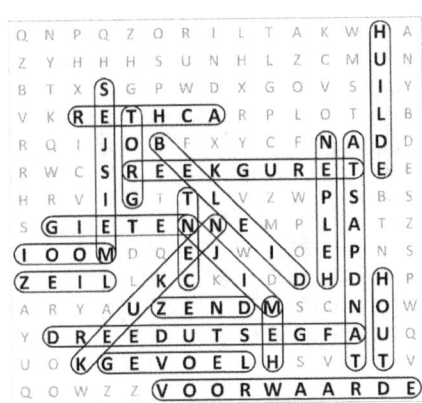

Puzzle 25

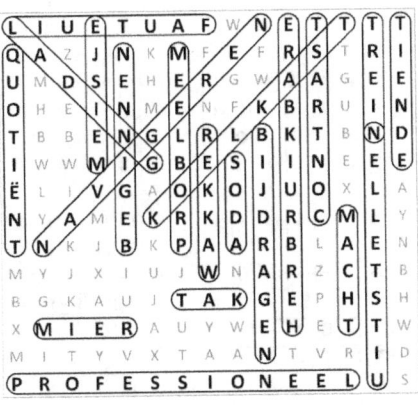

Puzzle 26

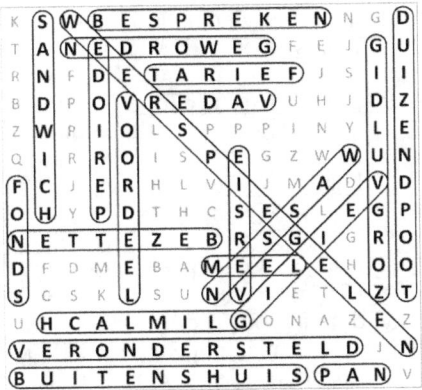

Puzzle 27

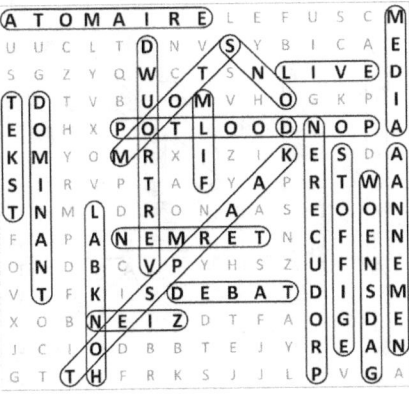

Puzzle 28

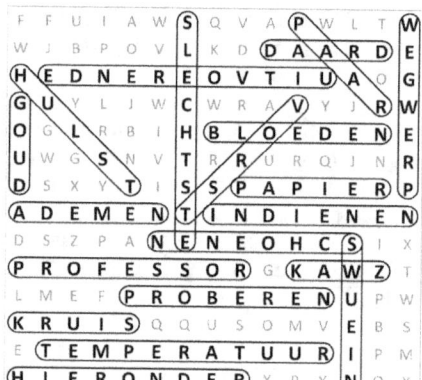

Puzzle 29

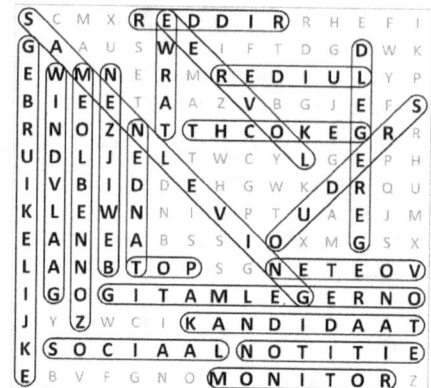

Puzzle 30

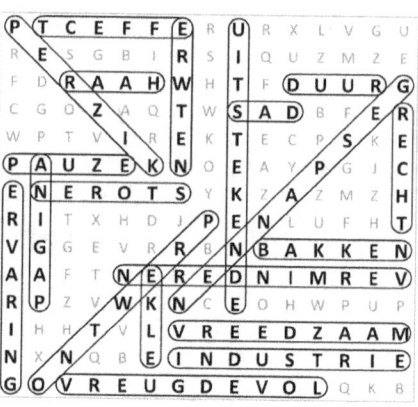

Puzzle 31

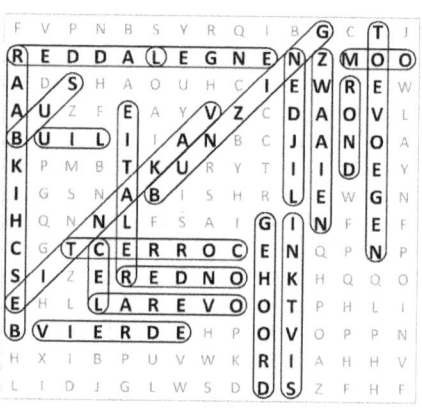

Puzzle 32

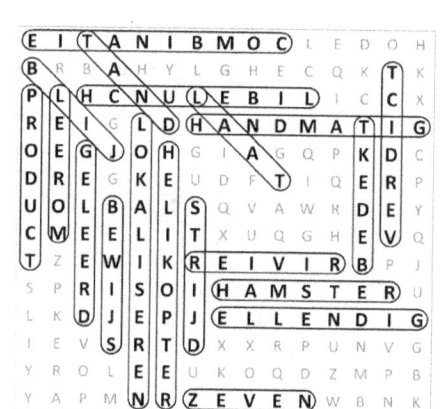

Puzzle 33

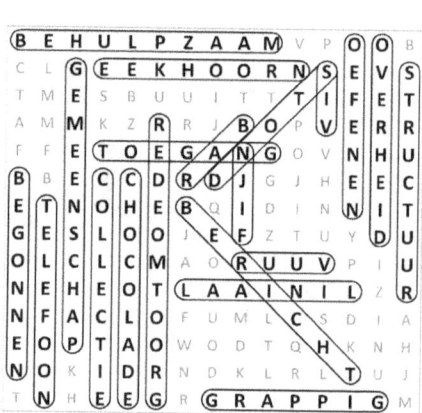

Puzzle 34

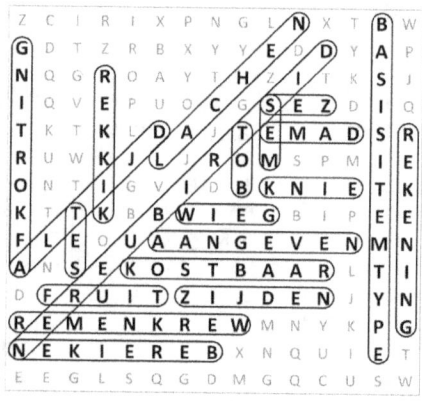

Puzzle 35

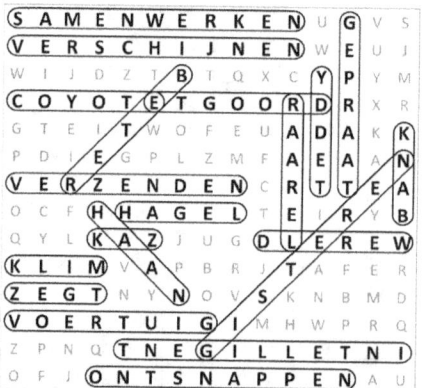

Puzzle 36

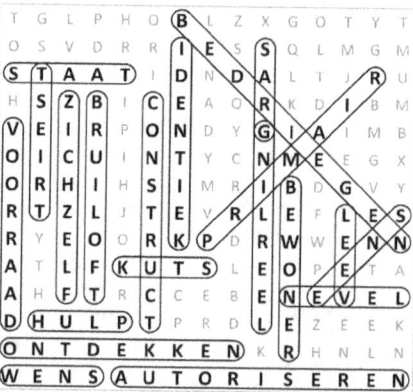

Puzzle 37

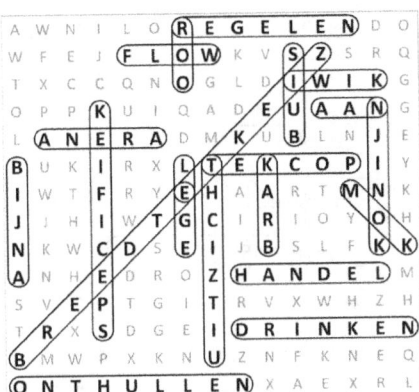

Puzzle 38

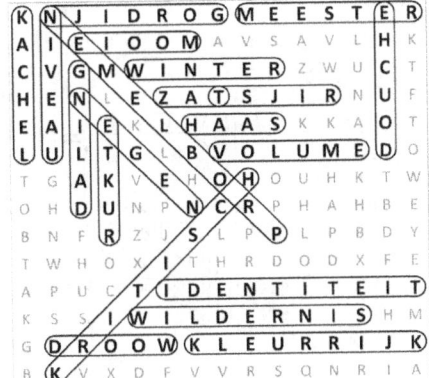

Puzzle 39

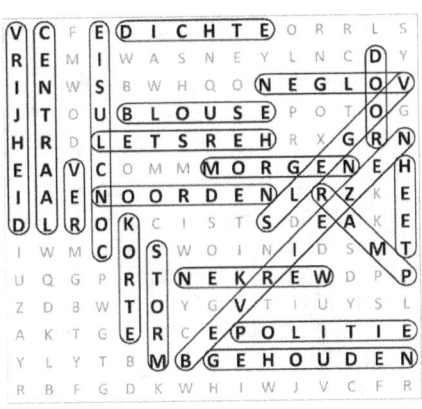

Puzzle 40

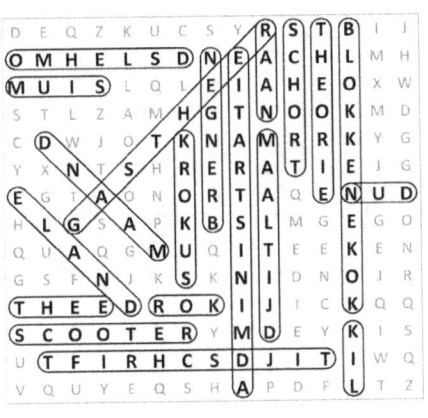

Puzzle 41

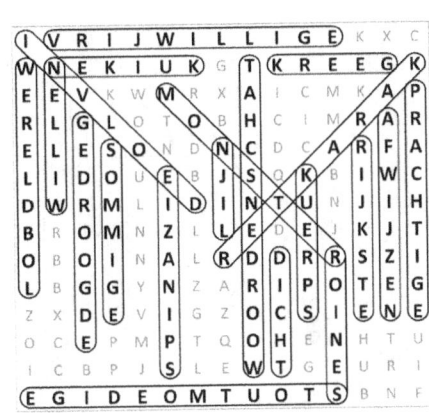

Puzzle 42

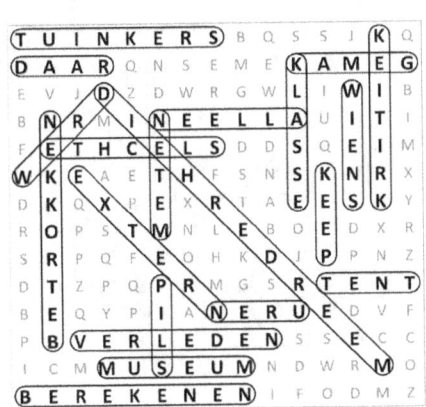

Puzzle 43

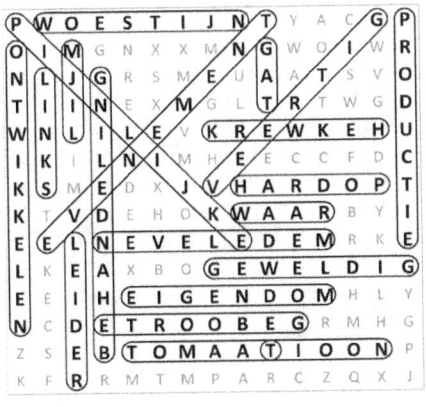

Puzzle 44

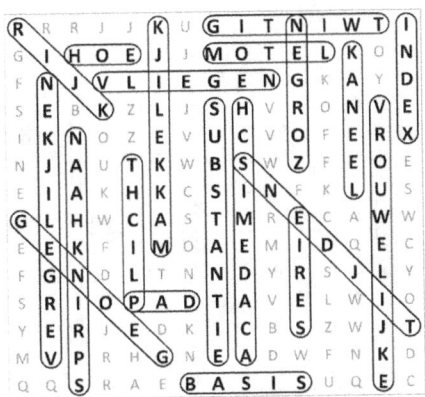

Puzzle 45

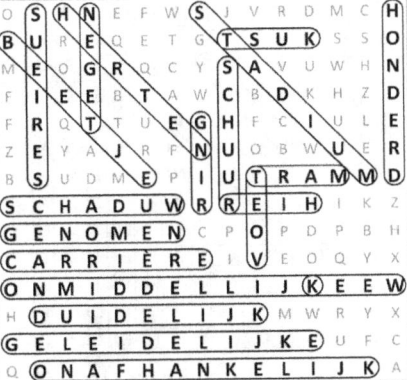

Puzzle 46

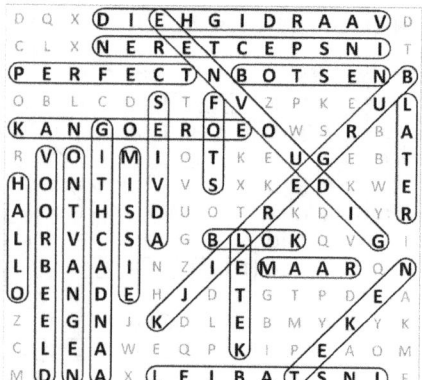

Puzzle 47

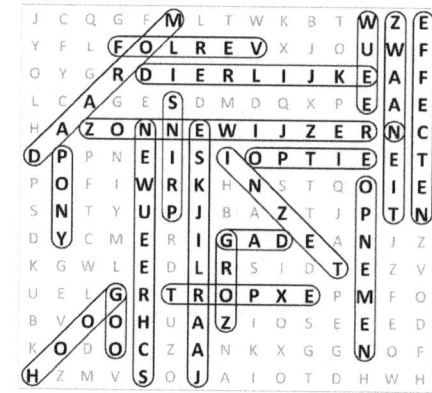

Puzzle 48

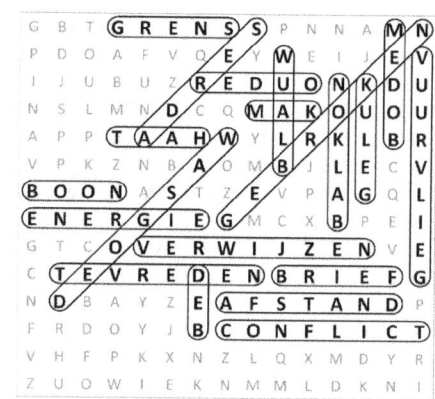

Puzzle 49

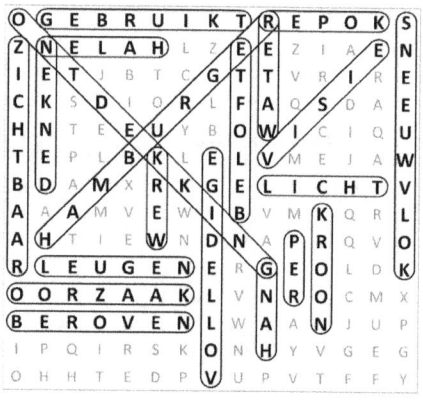

Puzzle 50

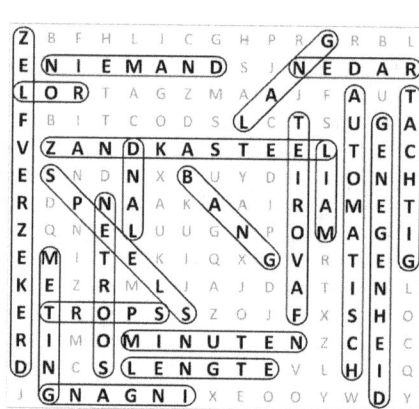

Puzzle 51

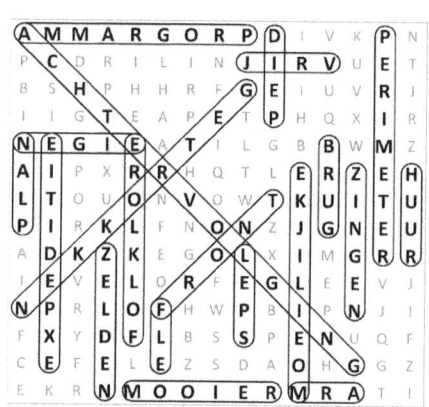

Puzzle 52

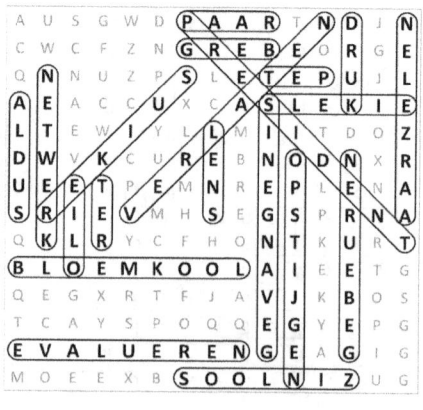

Puzzle 53

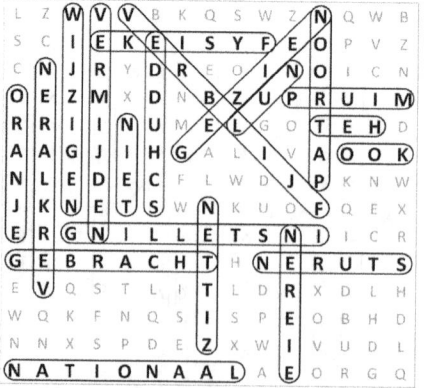

Puzzle 54

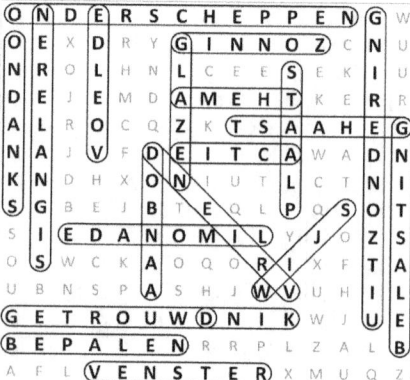

Puzzle 55

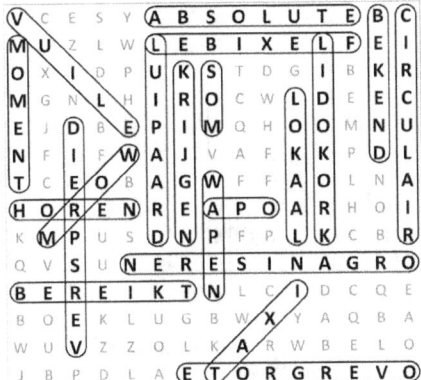

Puzzle 56

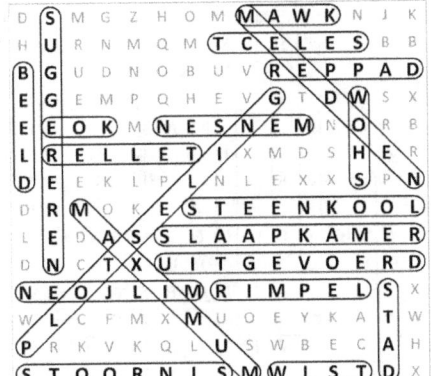

Puzzle 57

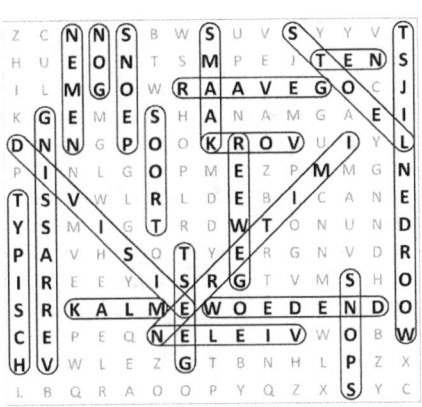

Puzzle 58

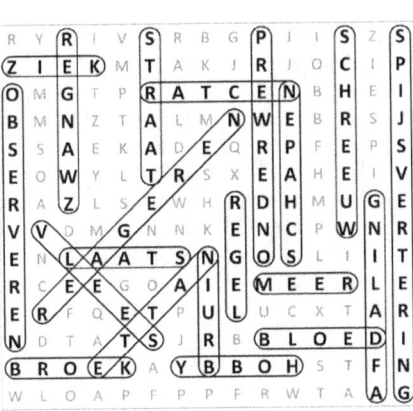

Puzzle 59

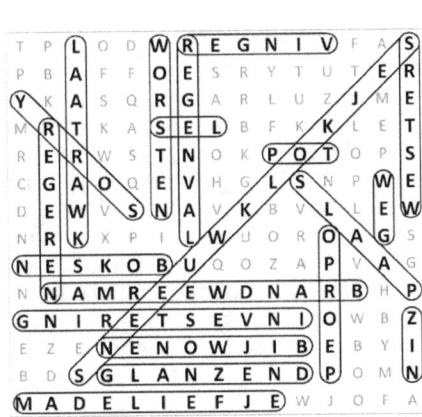

Puzzle 60

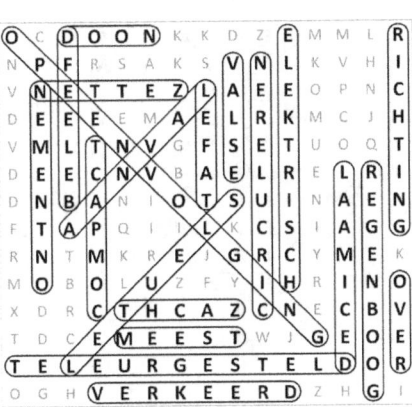

Puzzle 61

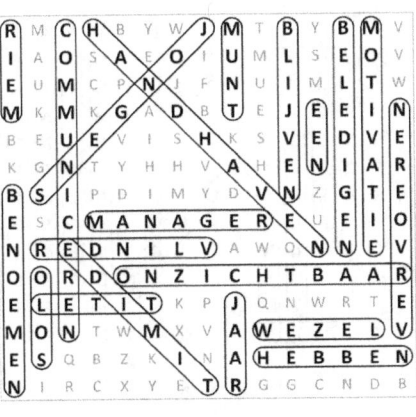

Puzzle 62

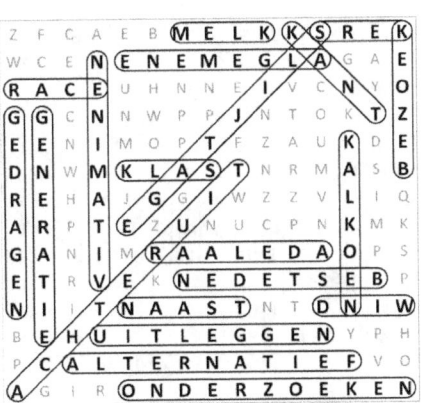

Puzzle 63

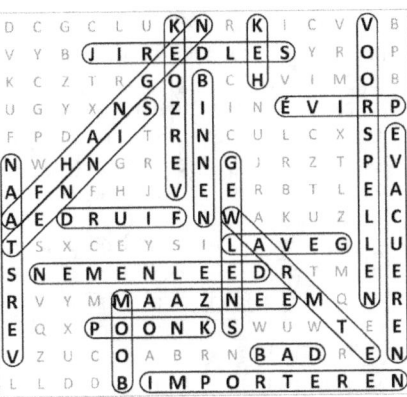

Puzzle 64

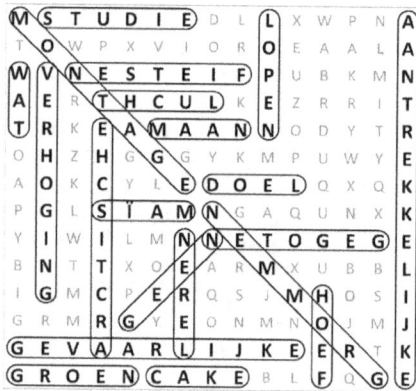

Puzzle 65

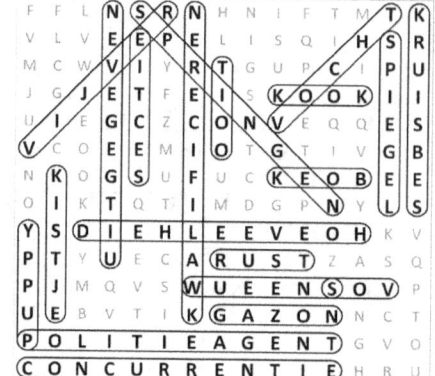

Puzzle 66

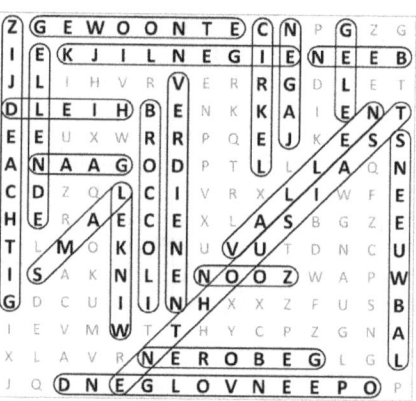

Puzzle 67

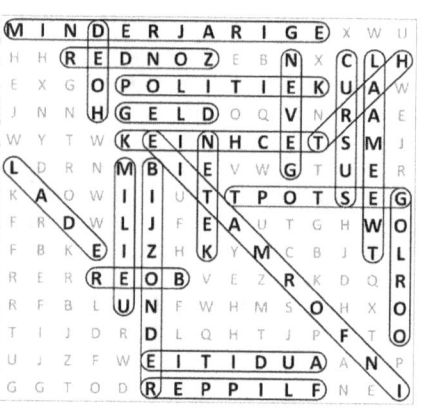

Puzzle 68

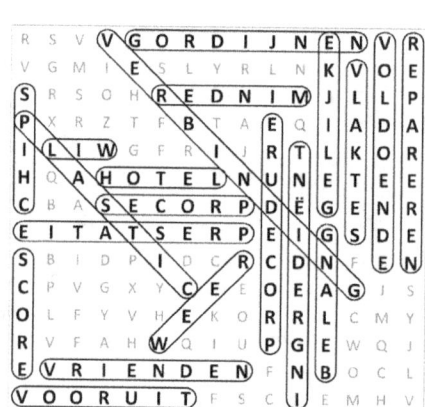

Puzzle 69

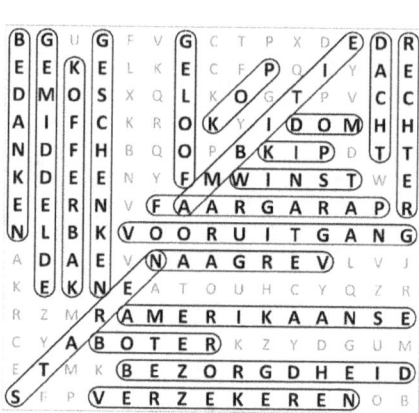

Puzzle 70

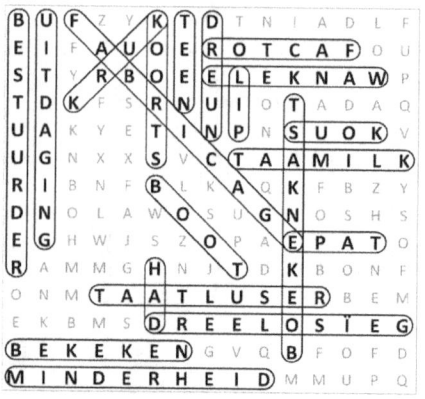

Puzzle 71

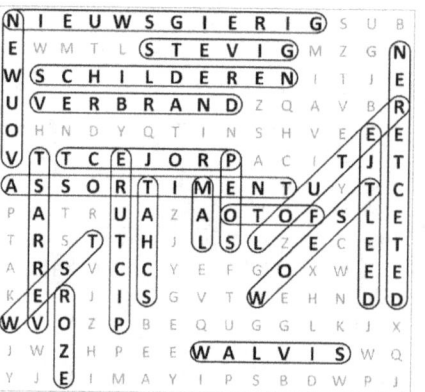

Puzzle 72

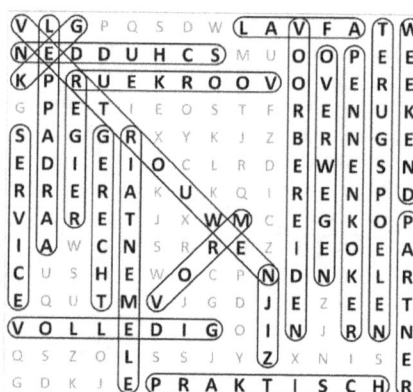

Puzzle 73

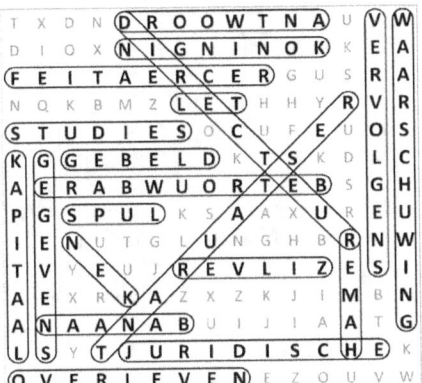

Puzzle 74

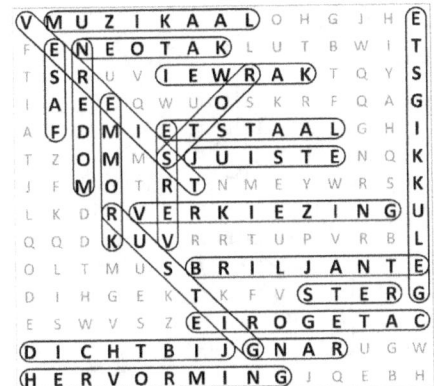

Puzzle 75

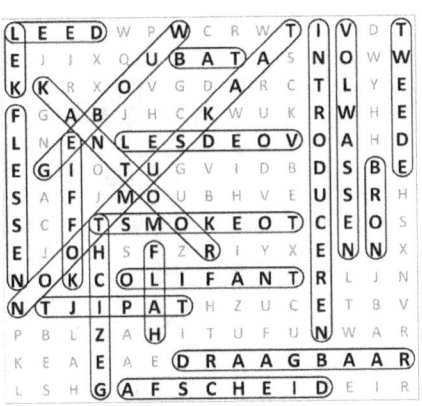

Puzzle 76

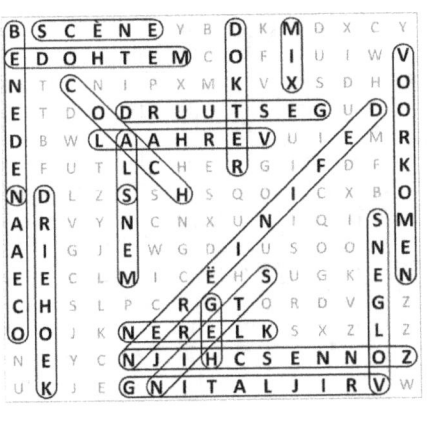

Puzzle 77

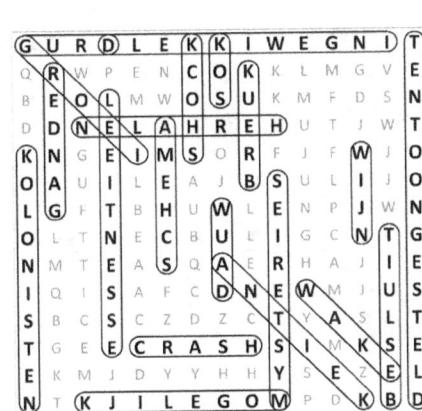

Puzzle 78

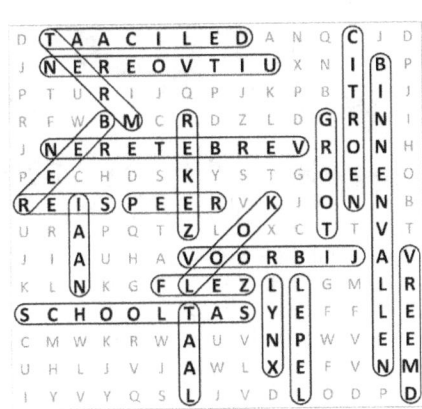

Puzzle 79

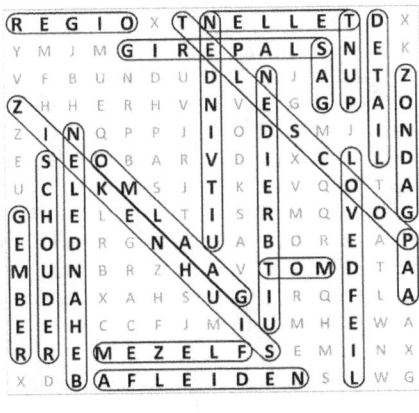

Puzzle 80

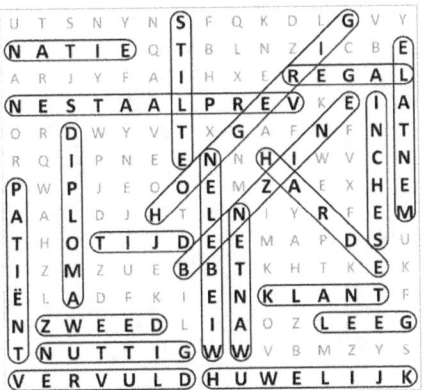

Puzzle 81

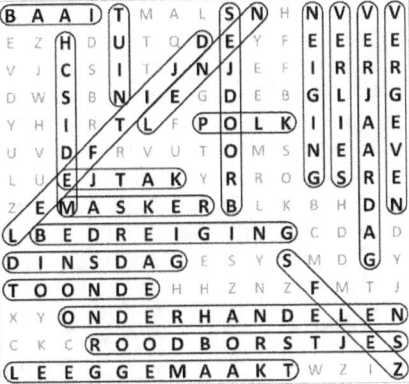

Puzzle 82

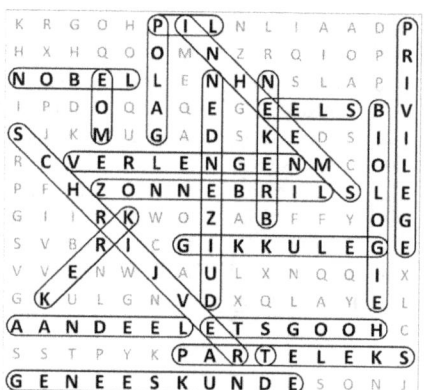

Puzzle 83

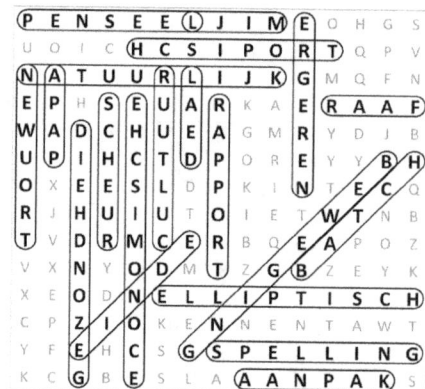

Puzzle 84

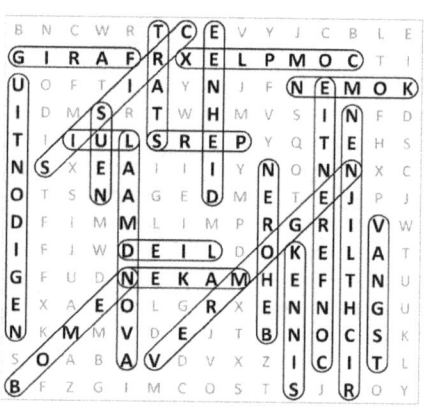

Puzzle 85

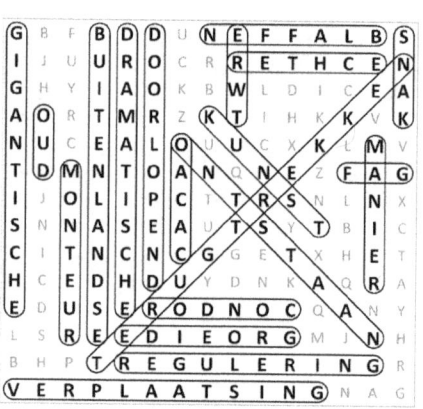

Puzzle 86

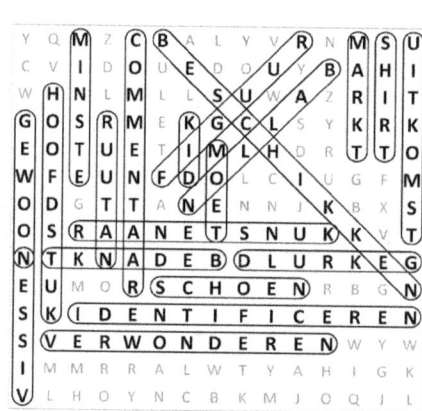

Puzzle 87

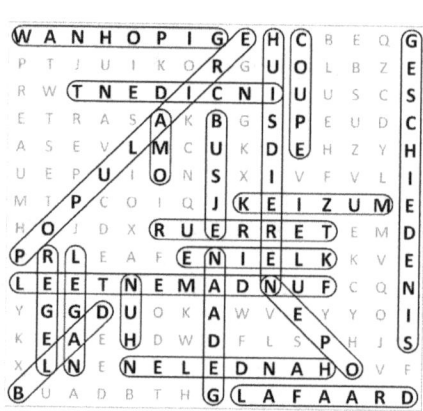

Puzzle 88

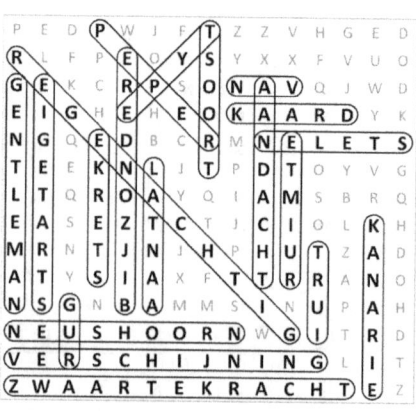

Puzzle 89

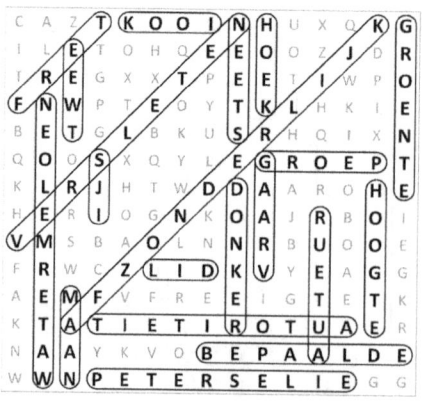

Puzzle 90

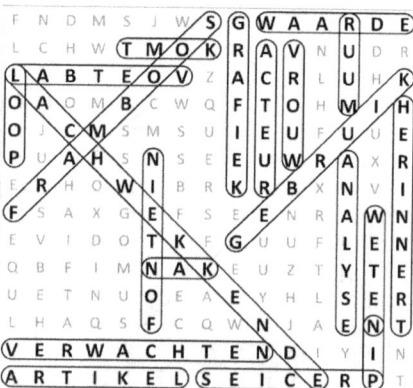

Puzzle 91

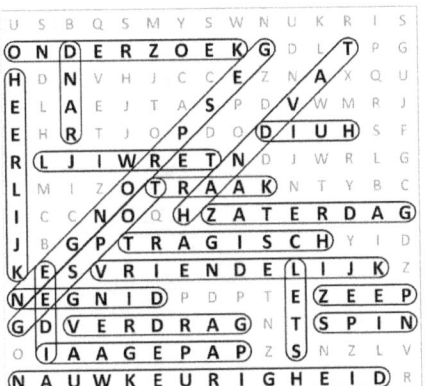

Puzzle 92

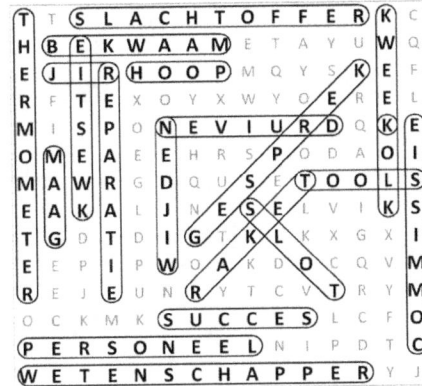

Puzzle 93

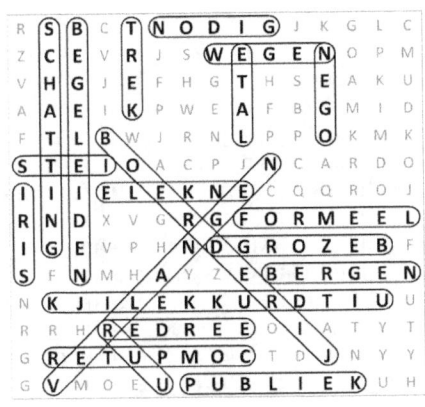

Puzzle 94

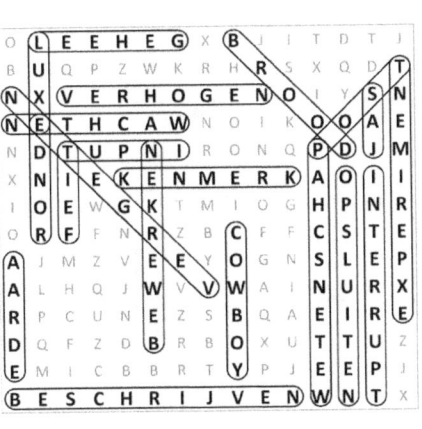

Puzzle 95

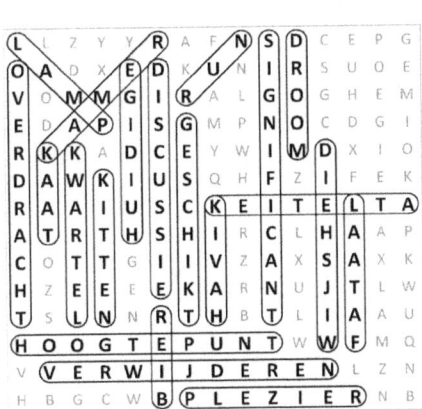

Puzzle 96

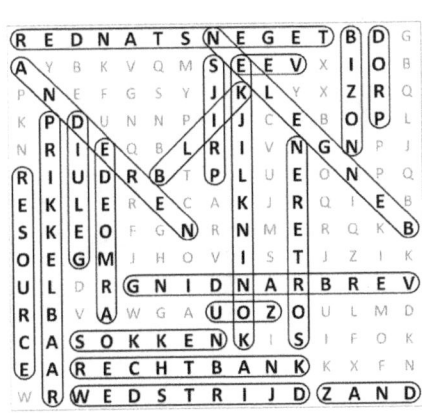

Puzzle 97

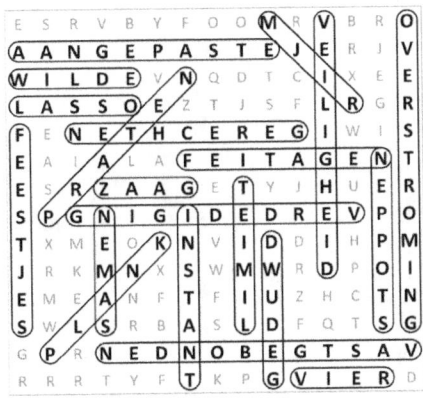

Puzzle 98

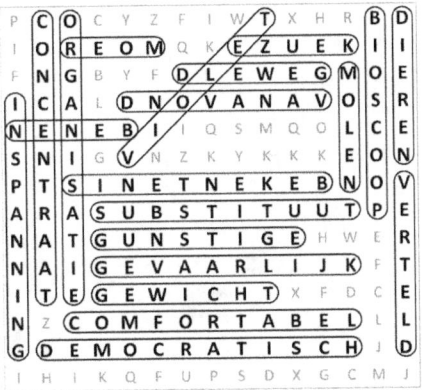

Puzzle 99

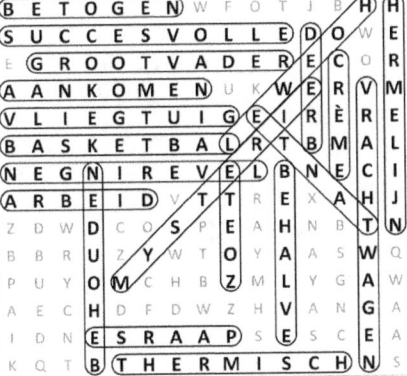

Puzzle 100

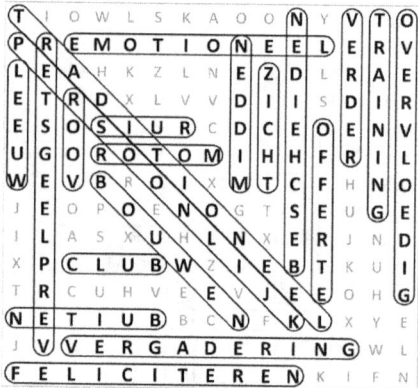

Congratulations

You made it!

We hope you enjoyed this book as much as we enjoyed making it. We do our best to make high quality games.

These puzzles are designed in a clever way to actively spark the brain and make it sharp and quick!
Did you love them?

A Simple Request

Our books exist thanks to the reviews you post on Amazon. Could you help us by leaving a review now?

Here is a short link which will take you to your Amazon orders review page.

BestBooksActivity.com/Review50

MONSTER CHALLENGE!

Challenge #1

Ready for Your Bonus Game? We use them all the time but they are not so easy to find. Here are **Synonyms**!

Note 5 words you discovered in each of the Puzzles noted below (#21, #36, #76) and try to find 2 synonyms for each word.

Note 5 Words from *Puzzle 21*

Words	Synonym 1	Synonym 2

Note 5 Words from *Puzzle 36*

Words	Synonym 1	Synonym 2

Note 5 Words from *Puzzle 76*

Words	Synonym 1	Synonym 2

Challenge #2

Now that you are warmed-up, note 5 words you discovered in each Puzzle noted below (#9, #17, #25) and try to find 2 antonyms for each word. How many lines can you do in 20 minutes?

Note 5 Words from *Puzzle 9*

Words	Antonym 1	Antonym 2

Note 5 Words from *Puzzle 17*

Words	Antonym 1	Antonym 2

Note 5 Words from *Puzzle 25*

Words	Antonym 1	Antonym 2

Challenge #3

Wonderful, this monster challenge is nothing to you!

Ready for the last one? Choose your 10 favorite words discovered in any of the Puzzles and note them below.

1.	6.
2.	7.
3.	8.
4.	9.
5.	10.

Now, using these words and within a maximum of six sentences, your challenge is to compose a text about a person, animal or place that you love!

Tip: You can use the last blank page of this book as a draft!

Your Writing:

Explore a Unique Store
Set Up **FOR YOU!**

MEGA DEALS

BestActivityBooks.com/**TheStore**

Designed for **Entertainment**!

Light Up Your Brain With Unique **Gift Ideas**.

Access **Surprising** And **Essential Supplies**!

CHECK OUT OUR MONTHLY SELECTION NOW!

- Expertly Crafted Products -

NOTEBOOK:

SEE YOU SOON!

Delta Classics Team